尋根

國際名廚Nobu的真味信念

李昂・韓良憶・初聲怡——著

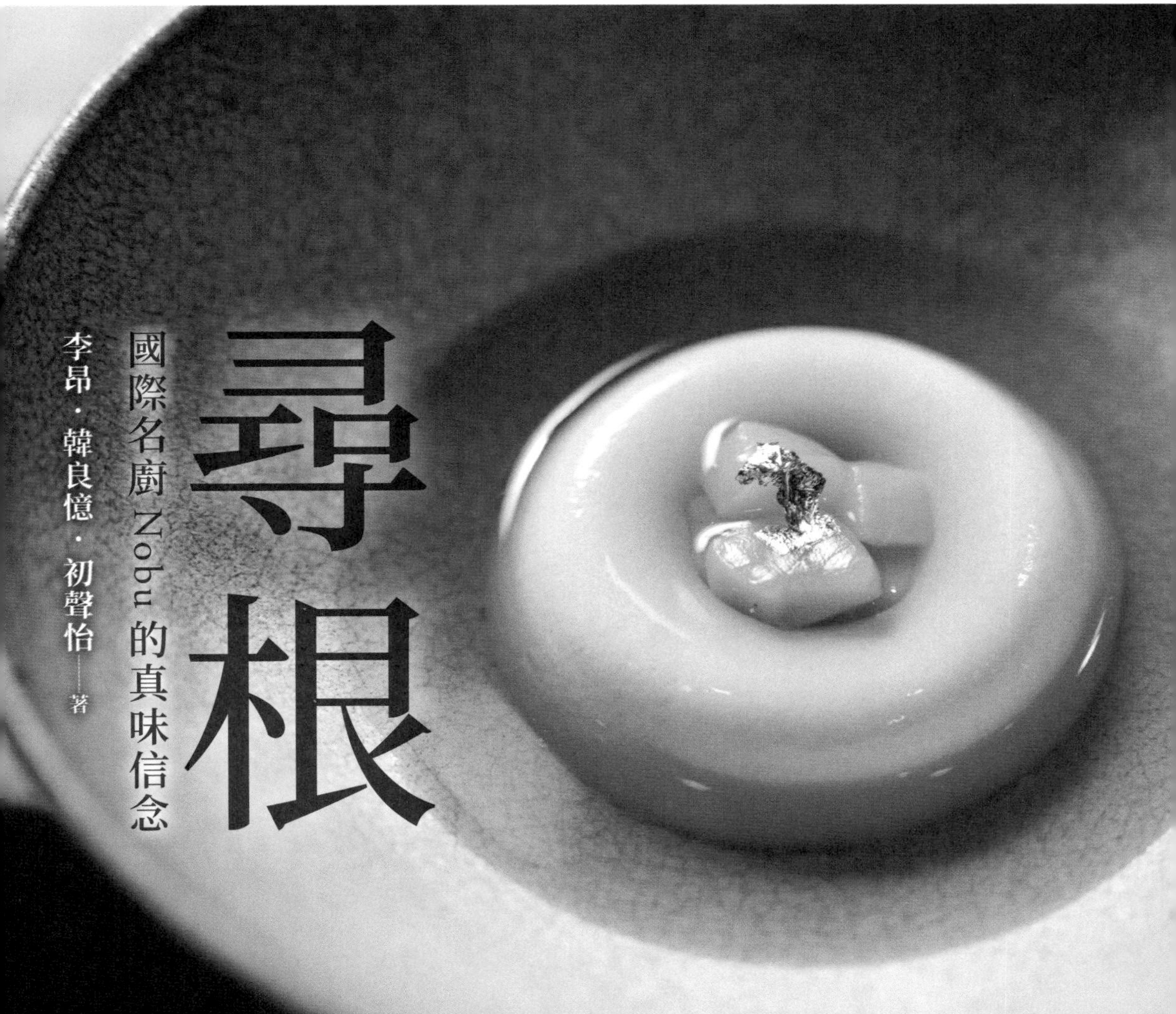

推薦序——

三個女人勝過諸葛亮

作家．李昂

這是一本關於美食的書，也是一本勵志的書。

會想要以Nobu來寫這本書，因為在他的身上看到了一個台灣廚師可以面臨、經歷到的種種面向，能給有志於廚藝者作參考。

也留下Nobu個人特殊、少人有的前半生紀錄。

簡單地講，Nobu對廚藝有高度的興趣，也下過各種苦工，承受到在學習、工作過程的種種重大挫折，但都沒有打倒他。持續不間斷的努力，終於得到紐澳最高榮譽的「三帽廚師」。

廚藝是年輕人的新夢想之一，不少人以為，進學校，出來戴上高高的白廚師帽，就是美好的一片天空。即便知道必須經過一些歷練，但不外在廚房削馬鈴薯，接著就有機會成為世界名廚、台灣之光。

當然不是這樣的。

但必得經過多少磨練、受過多少苦、經過怎麼樣的非人生活，對大多數年輕的夢想家，不會有深切的了解。

這本書不美化、不淡化地寫出Nobu走過的人生，廚房非人的辛苦工作只是基本功，挨主廚揍、老闆沒辦好工作簽證因此坐牢、異鄉異地不同文化的謀合、孤獨寂寞，還有創作菜餚的壓力……

我們當然也無意將Nobu推舉成為勵志人物，只是寫出他所經歷的一切。

決定要寫這樣一本書，但是考慮到我個人因為眾多事情繁忙，周遭的友

人也都大部分工作滿檔，不可能一個人寫完整本書，便想到將一本書拆開來寫。詢問兩個常常一同吃飯的美食作家，韓良憶和初聲怡，很高興得到他們的首肯。

接下來合作的方式，也很容易達成。以時間先後的編年方式來寫作：良憶有多年在歐洲生活的經驗，讓他寫Nobu在國外學藝、回台灣後在米其林三星大廚餐廳工作，最適合不過。

我接著寫他在香港因為工作簽證出問題，到紐西蘭、澳洲尋求發展，再獲得「三帽大廚」的殊榮。

回台後在「蘭」餐廳的工作過程，就交給初聲怡，她一向是我們當中的快手，精準而且對台灣的飲食界有多年的參與和觀察。

結果，我們三個女人成就了一本好看、內容扎實的作品，而且也給許多有夢想的年輕人在廚藝之途，能有所借鏡與參考。

至於為什麼是Nobu呢？我必得說，我喜歡他這個人。喜歡他作為一個大廚，更重要的，喜歡他做的菜。

「蘭」餐廳負責人Frank劉的大力支持，是這本書能完成的重大理由。期許餐廳經營者與廚師之間，有更密切的支持與合作，這會是推動台灣餐飲界前進的重要動力。

推薦序——

吃蘭不吃花

作家．韓良憶

近兩年多來，我頻頻造訪台北的「蘭餐廳」，以次數論，它成為我的「愛店」，誰教我這麼欣賞主廚李信男（Nobu Lee）的創意和廚藝呢？

台日混血的Nobu擅長法式精緻餐飲，在海外斷續生活了很長的時間。他在紐西蘭替其主廚的餐廳拿下三帽最高榮譽後，在二〇一九年秋季返鄉，加入蘭的團隊。隔了兩、三個月，我首嘗其冬季套餐，一試就愛，隔不久再度光顧，確定其人技藝熟練穩定，有創意卻不浮誇，從此成了他的粉絲。

而熱愛其廚藝的，當然不僅我一人，其中肯定有蘭的業主劉宗原，因

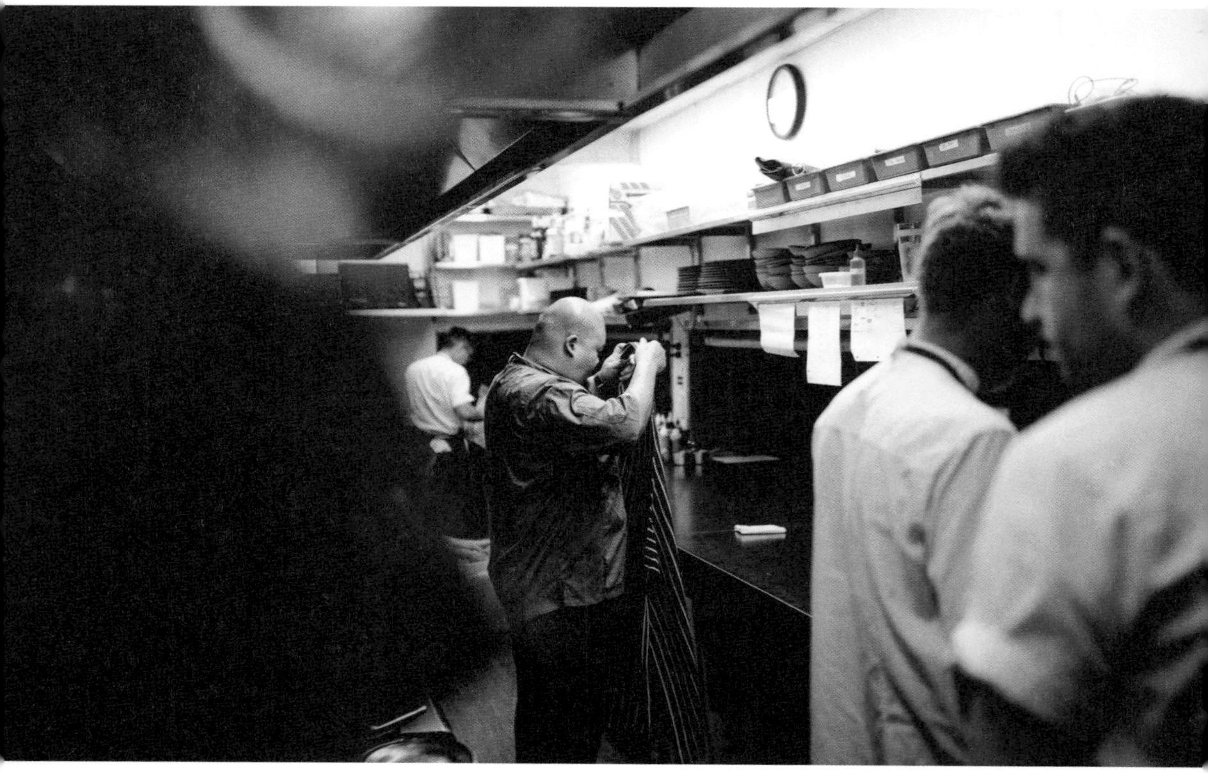

為就在李信男接任主廚滿一年後，餐廳名字被冠上Nobu的名號，成為「Orchid by Nobu Lee 蘭餐廳」，由此可見業主對他的器重。

我始終認為，優秀的廚師除了技術精湛外，尚需對食材和風味有深刻了解，這些算是基本功。如果大廚能夠不過度依賴奢華食材，善於運用巧思將日常的食材做成讓人耳目一新的美味佳餚，那麼其人擁有的就是令人感動的廚藝了。在我看來，風格深受法式烹飪影響的Nobu，恰恰是能將普通農產變成精緻美食的能手。他只用優質的食材，以精準的手法烹調，堅守「不去掩蓋食材本身的味道」的準則，務必讓客人吃了第一口便知道自己在吃什麼。

因之，Nobu的菜雖時有新意，卻不會天馬行空甚或「假鬼假怪」，但凡被他加進菜餚中的食材，都有一定的意義，皆需對「風味」有所貢獻。比方說，他不會跟從流行，在菜餚中加進一堆美不勝收的食用花或香藥草，只因這些玩意美則美矣，卻對整體滋味的營造毫無助益。他端出的菜色也絕不會讓人在品嘗時驚喜（或驚嚇）連連，事後卻怎麼也想不起來自己究竟吃了什麼。

我還記得他在蘭餐廳推出的第一套菜單中的開胃小品，那是一小杯清澈的高湯，Nobu結合法式和日式手法，將平凡的蘿蔔和飛魚乾分別煮成高湯再融合，還神來一筆地加了生蘿蔔汁，盛入小杯端上桌。此湯品相樸素，但一入口便有幽香，來自上桌前滴入的馬告雞油，清雅雋永，令我回味再三。

我也甚愛其以紐西蘭Te Mana羔羊里肌烹製的主菜，柔嫩香腴，幾無羶味，搭配地中海風味的哈里薩辣醬，溫潤不嗆，世故成熟，充分展現主廚對風味的掌控功力。是以，在聯合報主辦的第一屆「500盤」評選中，有幸擔任評審的我，毫不猶豫地選了這一盤。

回憶疫情前的那個冬天，我踏入蘭餐廳首嘗Nobu的套餐時，完全沒有想到自己後來會因為喜愛其廚藝而和他有過數次深談，更沒料到會應小說家李昂之邀，參與寫作您現在正在閱讀的這本書。這箇中除了緣分使然，尚有Nobu的人生故事帶給我的省思，那令我認識到，這是值得書寫也該寫的一本書，但盼他的故事也能給您一些啟發。

推薦序——

他的料理讓人感動，並且記得

作家．初聲怡

「論Fine Dining的條件：

其實很簡單，就是吃完之後我記得。」

這是幾年前第一次吃了Nobu的料理後，我在臉書寫下的評價。

那時候的我對台灣的Fine Dining處於厭倦期，對於Nobu主掌之前的蘭餐廳，也有一種「難道只是一家時尚餐廳嗎？」的疑惑。

Fine dining的定義早期確實包括了嚴肅與奢華這兩個條件，嚴肅指的是主廚的技巧及處理食物的態度；奢華通常除了高檔食材之外，還包括裝潢及器具設備。但是很多時候，光是這兩個基礎條件便是一種高門檻，有些餐廳達到了這個門檻後，便覺得滿足而止步。

但其實不是的。Fine Dining不是只有技巧、食材與硬體這幾件事。

一個成功的Fine Dining主廚，也絕對不只於此。

差不多五年前的世界五十大餐廳論壇中，幾乎所有主廚就重新定義了Fine Dining——

在美味的食物與舒適的服務之上，更要求主廚「你來自哪裡？你要融入哪種文化？」要求餐廳讓客人「如在家一般自在，卻能夠放大所有的感受以獲得驚喜。」要求食物的呈現「提出創新的組合，卻從來不放棄傳統。」

簡單地說，就是讓人感動，並且記得。

而說到底，這本來就是美食的核心，不管是不是Fine Dining。

Nobu在二〇一九年回到台灣，接掌蘭餐廳。好友韓良憶吃過之後向我推薦，約我再訪，我支吾閃躲了兩次後，突然意識到良憶是一個多麼廣博又嚴謹的人，她能兩次提議，想必有所不同。於是在她第三次提議時欣然前往。

果然！

Nobu在料理上和洋混合，從容自如的風格，馬上令我截然改觀，在全新的食感體驗中不只嘗到新的風味與比例，更在他的料理中得到共鳴，共鳴的來源大自這幾年我深感興趣的南島語系文化，小至昆布高湯的隱味。

所以，當昂姊某天突然對我說，我們來寫一本Nobu的書吧？寫這個人戲劇的人生經驗；寫一個主廚是必須經過血淋淋的奮鬥，才能成長並成熟自己的風格；寫一家餐廳如何跌跌撞撞找到真正的定位。

我一秒鐘也沒有猶豫，便說了：「好！」

不僅是出於熱血與樂趣，而且，這是應該做的事。

1

原點

韓良憶

神桌下的小孩

那一晚，李梅花帶著小兒子，離開母子倆在台北市吉林路棲身的小套房，來到附近一處神壇。她指著神桌底下，對不滿十歲的么兒說：「你以後晚上就睡在這裡，這裡有神明保庇，你才不會被妖魔鬼怪捉走。」中文名叫做李信男的這個小孩，看著母親異常的眼神，感到情況不大對勁。

他自從七歲隨著母親從父親的祖國日本，返回梅花的家鄉台灣以來，一直住在台北北郊的公寓，前陣子才搬進市區的出租套房，然而公寓也好，套房也罷，不論空間大小，好歹都是有床有桌有椅的正常住處，這會兒相依為命的母親，怎麼就讓他晚上一個人睡在宮廟的神桌底下？

三年級小學生不解歸不解，可是他畢竟年紀小，母親的命令，哪敢不從？小信男就這樣莫名其妙地以廟為家，夜裡伴著他入眠的，不是可愛的小貓小狗，而是肆無忌憚滿地爬的蟑螂；拂至耳邊的，亦非從前在日本聽慣的卡通歌曲，變成附近的工人喝酒賭博的吆喝聲，偶爾還有不知打哪兒傳來的叫罵打殺聲，砰砰作響，好不嚇人。凡此種種，委實光怪陸離，在在與他不很久之前物質還算寬裕的生活環境迥然不同。

將近三十年後，在接受訪談時，已是台北兩家知名餐廳行政主廚的 Nobu Lee 回顧往事，仍覺得當時情景太不真實，簡直荒唐。「後來我明白，事情會演變到如此荒誕，是因為母親沒有受過多少教育，又無一技之長，感情問題加上胡亂投資，使得家裡的經濟狀況起起落落，讓她心靈更加空洞，於是寄情於宗教，」他語氣淡然地分析說，「然而狂熱的信仰讓她變得狂亂，一有錢就捐給宮廟，最終財務出現危機，精神狀況也從焦慮逐漸惡化成妄聽、妄想。」這會兒，他領悟到，母親彼時可能患了思覺失調症。

我聽著他娓娓道出兒時這一段經歷，問道：「如果能穿越時空，你想對當年神桌下的孩子說什麼？」

他沉吟片刻，方抬起頭來緩緩地開口，「我要跟他說，活在這世上，你就只能變強，靠自己，別讓自己看起來可憐，別奢求有人給你幫助。但是在這同時，也不要放棄自己，雖然一無所有，還是要朝目標走去，因為在路上，你終會遇見志同道合的人，但是在那以前，請努力讓自己變強大，獨立起來。」

年近不惑的Nobu會想對九歲多的信男說這一番話，坦白講，並不令我感到訝異，只因他目前擁有的一切，完全不靠庇蔭，全是自己努力爭取而得來。

眼下，我面前的這位大廚，剃著大平頭，下頷蓄著小山羊鬍，笑起來眼睛瞇瞇的，不笑的時候，眼神則轉為謙遜內斂（雖然偶爾仍會閃現桀驁不馴的光芒），其人講話不疾不徐，流露出自信，沒有一絲畏縮。

他穿著短袖白色廚師服，露出雙臂，左臂內側刺著三顆牡蠣，外側是三角形的魟魚圖案。他愛吃牡蠣，更喜歡有關牡蠣的西諺：「世界是任你揮灑的舞台」（The world is your oyster）。魟魚和右臂外側的紐西蘭傳統「蒂基」（Hei Tiki）圖騰，那是他二〇一九年秋天卸下紐西蘭三帽*餐廳主廚職務返台前，毛利族刺青師傅為他刺的，用意在祈求上天賜予他力量，並祝願他旅程平安。根據毛利族神話，當今紐西蘭的北島，是一隻大魟魚幻化而成，而南島，原是一艘獨木舟。

不知是否毛利族祖靈護佑使然，返回台北的Nobu果然如千里馬一般昂然疾行，嶄露頭角，讓人不敢忽視他在精緻餐飲（Fine Dining）領域的扎實功底。然而，我其實更願意相信，這一切該歸功於Nobu在廚藝這條路上的不懈精神，充分實踐他最在意的「紀律」（disciplined）、「專注」（focused）、「精準」（precision）這三大原則。而這樣嚴格的自我要求，也讓其伯樂、「蘭餐廳」的業主劉宗原（Frank

*紐西蘭廚師帽餐飲評鑑制度：歐洲國家傳統上是以米其林星級作為客觀的餐飲評鑑標準，位於南半球的紐西蘭則是以廚師帽（Hat）為餐廳評分，等級從一頂到三頂，獲得三頂帽子者即代表了紐西蘭餐飲界最高榮譽。這項餐飲評鑑標準源自於紐西蘭最具影響力的《Cuisine》美食雜誌所舉辦的Cuisine Good Food Awards，由於評鑑過程相當具有公信力，絕對是餐飲品質的保證，除了被老饕視為追尋美食的寶典外，也擁有紐西蘭美食界奧斯卡之美譽。

CLOONEY
CLOONEY
Open for Dinner Tuesday
o Sunday
Open for Lunch Friday
CLOONEY

Liu），在他接任主廚滿一年後，更新餐廳名字，冠上其人名號，成為「Orchid by Nobu Lee 蘭餐廳」。

且慢，我是不是太過急躁，尚未將事情的脈絡交代清楚，就沒頭沒腦地給Nobu的人生與廚藝旅程下了結論？在李信男躲進神桌底下之前之後，究竟發生了哪些事，讓這個小孩成為今日的名廚？

鄉愁的味道

事情該從一九八二年說起。那一年的夏末秋初，三十七歲的李梅花自東京匆匆回到台灣處理娘家急事，她那時已大腹便便，腹中是她的第三個孩子。不過，這娃娃與她之前留在台灣的一兒一女，並非同父所出，胎兒的父親是她在日本做漢方中藥生意時認識的日本人。她打算一辦完事就返日，再過兩、三個月就是預產期了。

然而人算不如天算，孩子早產，取名為信男，按日語發音為Nobuo。她不得已，只能帶著襁褓中的兒子留在台北，直到信男將滿週歲，開始學步時，母子倆才飛回日本，一家三口卻未就此團圓，享受天倫之樂。日本男人是有婦之夫，早有家室。

男人姓山中，出身愛知縣，大了李梅花十幾歲，橫跨政商兩棲，是名古屋當地有頭有臉的人物。他不可能與元配離婚，更不便把李氏母子帶到名古屋，只能將他們安置在東京，自己不定期前去探視。他無法給兒子他的姓氏，但是承諾會養信男到十八歲。

小小年紀的信男就在父親大多數時候缺席的情況下，在東京生活了六年多。童稚的他一直介意也不能理解自己何以跟父親不同姓，然而小孩子有耳無嘴，不解和介意皆僅能埋藏在心中，反正問了大人也不會回答，他試過了。

山中每隔一兩個月會到東京探望母子，平日偌大的家中就只有信男和母親兩人，偶爾有母親的友人造訪李家，有的是僑居日本的台灣人，也有日本友人來訪，其中有一位叔叔來的次數相對多一點。

多年之後，李梅花有一位舊識在看到媒體對Nobu和蘭餐廳的報導後，找到Nobu，他方從這位阿姨口中得知，那位有著黑道背景的「叔叔」才是他的親生父親。母親當年同時周旋在兩位日本男性之間，發現懷孕後，非常「明智」地決定，既然兒子注定非婚生，將在單親家庭長大，那麼就給他找個經濟條件較好且生活環境相對安穩的「多桑」吧。山中雖然年紀大了一點，但是個性內斂，行事作風低調謹慎，是個可靠的男人。

由於長期分隔兩地，這對名義上的父子少有單獨相處的機會與時間，宛若陌生人，幾乎未曾有過任何父子間的談話，但是在Nobu成長的過程中，山中始終代表他心目中的父親形象，對他來講，山中就是多桑。長大成人後，他曾以詩意的語言形容其養父「就像早晨雨中的大樹一般，沉默而遙遠」。

全日語的生活環境，讓小信男幾乎不講中文，由於母親忙於工作，母子倆平日三餐泰半以外賣或外食日式定食打發。母親偶爾有空時，會做漢堡排、味噌湯、法式吐司和三明治，多半是帶著些許洋風的日式家常菜。這些「媽媽的拿手菜」如火種一般點燃了Nobu的料理魂，那些食物的滋味，還有母親將他擁入懷中的溫暖記憶，對他而言，是一切的起源。

山中來到東京時，則會帶他和母親上館子用餐。有一天，小男孩隨著父母來到池袋東武百貨三樓的餐廳，多桑作主給他點了咖哩和冰牛奶。大人談著孩子聽不懂的正事時，小信男乖乖地端坐桌旁，好奇地東張西望。他看到穿著燕尾服的侍者緩緩自餐室另一頭，將沉重的推車推到三人桌旁，推車上的銀器閃閃發光，裡頭盛著咖哩。原本普普通通的冰牛奶，可不是裝在平凡無奇的玻璃水杯裡，而盛放於厚重的威士忌杯中。林林總總，皆堂皇富麗又慎重其事，看得小男孩目不暇給。

Nobu亦始終記得那一回，母子倆造訪名古屋，多桑帶領他們去料亭，品嘗以螃蟹為主的時令懷石料理。兩大一小三人在個室就座後沒多久，穿著和服的女侍便端來一道又一道螃蟹料理。事隔多年，蟹肉高雅的香

9 27 '91

氣似仍在鼻尖，而料亭中布置著假山怪石、燈籠流水的典雅風情，也歷歷在目。

光陰不過一瞬間，相對平靜的幼年時光一去不返，小男孩滿七歲，該上小學了。由於孩子沒有日本籍，又是單親家庭，父母商量決定，讓母子倆返回台灣，幼時按日本方式教養的Nobu，從此不再稱呼東京為「家」。成年後他曾重返日本，以「打工仔」的身分在童年時期熟悉的東京工作、生活近兩年。據Nobu自述，東京於他，如「遙遠的君父的城邦，是心靈的故鄉，也是回不去的鄉愁」，而鄉愁的味道，或就藏在咖哩、漢堡排、蟹肉和許多幼時熟悉的和風料理滋味中吧。

A片與爵士樂

返台後，母子倆定居天母，這是日本人喜愛的地區，有人說多少有一點肖似東京的自由之丘、代官山或中目黑等地區。這一帶的居民以中產階級為主，綠蔭較多，生活步調相對緩慢，且有一所日僑學校。小信男就近入學，山中應允會支付日僑學校不低的學費。怎料到才剛開學沒多久，就發生兒童午餐食物中毒事件，山中聽聞此事，怒火中燒，交了這麼多學費，竟換來孩子上吐下瀉！

李梅花只得安排讓信男轉學至市區的仁愛國小，父親持續寄來生活費，母親則重新做起生意，到處投資。生意做得順手時，她手頭寬鬆，心情就好；不順時，便求神問卦，整個人心神不寧，根本沒有餘裕教養兒子。李信男呢？也不是個愛讀書的孩子，至少不愛讀教科書，他每天有兩百元的零用錢，扣掉午餐的費用，剩下的可以自由運用。他常常從天玉街的家中，騎單車至忠誠路上的紀伊國屋書店，翻閱漫畫《將太的壽司》等有關壽司的書，不時也會買上一本，回家慢慢地讀。

小學生信男除了愛吃壽司，也喜歡仁愛醫院後面的豬肝湯。那攤子離仁愛國小不遠，他早上上課前偶爾會過去吃上一碗。而這一碗湯，卻是Nobu小學時期少數美好的記憶，制式教育令他厭煩，家境時好時壞，更讓他不論是在學校或家庭生活中都感到無所適從。

接著下來，就發生他被迫在神桌底下度過漫漫長夜的荒唐事，原本大致過著中產階級生活的孩子，從而接觸到社會的底層。乩童、八家將、按時收保護費的角頭兄弟，形形色色的陌生人，彷彿來自平行宇宙，打開他的視野，讓他見識到人生其實不只少數幾種樣子。

小信男一度想投效陣頭，學當八家將，跟著大哥哥去收保護費。要不是母親終於解決財務大洞，將她買不起也不該買的內湖豪宅轉賣給替她作保的友人，精神狂亂的狀態因而獲得緩解，否則這會兒世上很可能不會有一位名為Nobu Lee的大廚。

李信男在校的成績一塌糊塗，好不容易混到小學畢業。母親眼看兒子如此「缺角」，作主將信男送到新加坡讀中學，一來是，新加坡離台北不算太遠，且孩子有機會學好英語；二來，或許更重要的是，在新加坡的學費相對划算，人在名古屋的「金主」不致有太多異議。

已滿十二歲的李信男沒有反抗，順從母命，前往陌生的城市國家，然而對於學校體制，他依然不從，連課本都不肯買。不感興趣的科目，他懶得上課，更不想讀，只肯念中、英文和史地。

他我行我素，青春期旺盛的賀爾蒙也蠢蠢欲動，一如許多同齡的青少年，半大不小的他看起A片，胸口那悶悶燃燒卻無路可去的怒火，還有暗暗流動然無從言說的肉體慾望，多少得到發洩管道和出口。少年的他從A片中得到隻身在異鄉生活的力量，後來基於「有福同享」，開始賣A片光碟給同學。不過，另一容或更實際的原因是，他想賺錢。母親的經濟狀況依然起起落落，而多桑年事漸長，事業不復往日榮景。

籃球，也是他當時生活的一大重心，他對籃球的熱愛一直持續到今日。身為大廚的Nobu有一回在接受媒體採訪時透露，他的最大嗜好是收藏球鞋，家中甚至有一個房間專門用來存放他四處收集得來的不同款式球鞋。

初中生Nobu對籃球愛到近乎癡狂，愛到乾脆和同學合組「西海岸籃球隊」，幾乎是沒日沒夜地練球、打球。然而這樣的行徑，校方可看不慣，勒令球隊解散，他一氣之下就去砸了校長的車子，換來被短期停學的懲罰。

那時，學校師長沒有任何一位看好他，更別說認同他，班導師甚且預言Nobu未來只有三條路可走，一是擺攤賣雞飯，二是開計程車，三是當「工廠的看門狗」。沒錯，那位教書先生用的就是這樣不堪且帶有歧視意味的語言，可見得其人對這個「不良少年」有多麼深惡痛絕。

停學期間，他重拾兒時閱讀閒書的習慣。他的Homestay（寄宿家庭）主人是華文教師，家中原就有不少港台出版的中文書。看似魯蛇小混混的這個初中男生，這下子空閒時間更多了，索性讀起房東的藏書，因而讀了不知多少本中文文學作品，包括詩集。

不愛上學的少年就這樣培養出對文學的喜好。他記得，自己讀的第一本中文小說，叫做《北港香爐人人插》，當時的少年想來應無從預料到，自己會在二十多年後，透過工作與該書作者李昂結緣，並以優秀的廚藝和才華，得到這位知名小說家兼美食家的激賞。

亦是在本該風華正茂卻不堪回首的慘綠少年時代，Nobu發展出人生的第二大愛好——爵士樂。那時，他有位同學覺得他太孤僻，介紹他認識孤獨心靈適合聆聽的爵士樂，以易入門的女伶比莉．哈樂黛（Billie Holiday）歌曲為起點。不過，當時熱中於籃球和A片的他一聽，第一反應竟是，「這什麼東西呀，有什麼好聽的？」

後來，他迷上村上春樹，而眾所周知這位日本小說家是爵士樂迷。他心想，能讓村上這麼喜愛的Jazz音樂想必有什麼魔力吧，於是又回頭再聽聽看。他聽了哈樂黛終生摯友次中音薩克斯風樂手李斯特．楊（Lester Young）的樂曲，接著聽鋼琴手泰迪．威爾森（Teddy Wilson）。這一回他聽出滋味，從此一頭栽進爵士樂的天地，迄今最愛的樂手是英年早逝的畢克斯．比德貝克（Bix Beiderbekce）。值得一提的是，在以非洲裔樂手為主的美國爵士樂壇，活躍於搖擺樂時代的短號手畢克斯為少數的白人，這能否顯示，「特立獨行」之於年輕的Nobu，並非矯情，說不定與天性相關？

聽出興趣的這位青少年，不單只是聽聽音樂而已，更勤於上網看與爵士樂相關的部落格，並趁回台探母的機會，購買中文的爵士樂書來看。「對我來講，聽Jazz，以及閱讀研究爵士樂的部落格文章與書籍，好像打開了一扇通往未知世界的窗口，」Nobu後來分析說，「在那以前，我對西方沒有一點理解，透過爵士樂，我接觸到一個自由、即興、我並不了解但喜愛的天地，爵士樂讓我接觸到西方文化，或者該說是美國文化。」他讀爵士樂史，看諸多爵士樂大師的傳記，後者的人生經歷，尤其是他們和當時社會、命運搏鬥的故事，令這個內在也充滿各種掙扎的憤怒少年產生共鳴。

籃球、A片、詩、小說和爵士樂，不但是少年在異鄉的寄託，支撐著他孤單地活下去。文學、音樂和藝術的薰陶，也拓寬他的想像力，培養邏輯思考能力，更增厚其人的底蘊，對他後來在Fine Dining領域力求精進的道路，不能說沒有好處。

人生的第一道菜

得不到師長的肯定，課業成績也實在難看，Nobu感到自己並不適合留在制式教育體系中，然而母親仍然希望他能上大學。既然新加坡的學校待不下去，母親乾脆就讓他休學，安排他移居紐西蘭的基督城，進了一所「有教無類」的中學，說穿了，就是專收別處不要的學生，這聽起來是不是有點像大型放牛班或野雞學校？卻是在此校，他總算找到求學的意義，重新信任教育體制。

進入新學校沒多久，導師找他談話，不同於以往那些只會一味訓斥他的師長，這位老師並未對這個看似魯蛇的「頑劣」少年下馬威，而問他「你想做什麼？」還表示說，「希望你能做讓自己快樂的事。」

這種對「個人」的尊重和自由開明的教育方式，讓Nobu開始思考自己到底想做什麼。左思右想，他最愛的，還是籃球，於是決定方向，選讀與體育相關的課程。就在人生目標似已逐漸成形，眼前的路途或將不再黑暗的這當兒，在日本的山中健康出了狀況，最終不敵病魔，告別人世。

父逝，對叛逆少年來說，既是失去，卻也是某種「獲得」。多桑在世時，對李信男這個名義上的小兒子而言，與其說是父親，毋寧更像金主。不論他學業表現有多麼差勁，山中從不指責，當他遭逢挫折感到難過時，多桑好像也並不在意。少年李信男打從幼時起，心底始終期盼著多桑能真正地看他一眼，父親在兒子的人生缺席，一直是他難以承受的沉重事實，而今多桑永遠告別人世了，少年能否卸下心頭重擔，重獲心靈的自由，得到新生？

然而，當務之急是，經濟來源中斷了，十七歲的李信男從此在物質上不再有所依，今後只能靠自己。只是他一無學歷，二無資歷，若想掙錢養活自己，只能做最底層的粗工，而餐飲業基層工作的門檻最低。他先是找到在炸魚薯條店打工的差事，後來在學校老師介紹下，到校友開的餐館打雜。

Nobu在餐館裡洗碗三個月，末了因故沒領到工資。最慘的時候，口袋裡只剩三十元紐幣，不到新台幣六百元，租處被斷水斷電，更慘的是，斷炊。為填飽肚子，他偷吃大學生鄰居的食物，並趁在廚房打雜的機會，以客人盤中的剩菜果腹。他強烈感到自己淪入社會階級和財富的最底層，告訴自己，這樣的日子不可以永無止境，他必須靠自己的力量活下去，就算餓死，也要死在紐西蘭！

於是他四處投履歷表給基督城的大小餐館，這個對餐飲業一知半解的孩子，甚至天真地帶著履歷表，前往一家名叫「蒂芬妮」（Tiffany's）的高級餐廳，企圖應徵副主廚（sous chef）職位。

「你知道副主廚是在做什麼嗎？」白人主廚看著這個黃皮膚的亞裔少年，啼笑皆非。

「不知道，但是我願意學。」

CPIT
Culinary Fare
CPIT
CPIT
2
4
6
8
10

「當廚師這件事，不是你願意學就學得來。」主廚算是好心人，沒有立刻打發他離開，而建議他去念餐飲學校，給廚藝奠定基礎。可是Nobu急著有收入，不然日子真的過不下去。他思前想後，還是只有到餐館洗碗這一條路了，透過廚房位階最低的這項職務，他起碼不會餓肚子。

不滿十八歲的Nobu遂以洗碗工的身分，在千禧年時投入餐飲界，一頭栽進廚房，至今已超過二十年。洗碗工這差事，基本上不需要任何背景或專業技能，工資雖微薄，卻易於找到一席之地——洗碗工在廚房裡掙錢最少，又沒有地位，流動率自然高，這意味著常缺人手。

於是他一家餐館換過一家，短短數月換了七八家，幹的都是沒有專業門檻的洗碗活兒。直到有一天，在一家名為艾克曼（Aikmans）的小餐館，他的機會來了。原本另一位較資深的雜工除了洗碗以外，也負責幫忙做一些簡單的廚事，好比切麵包、剁歐芹等。然而就在母親節那一天，餐館生意格外忙碌的那當兒，這位洗碗工和廚師吵架，不幹了。

Nobu臨時被指派接手其職務，那一天，他每小時的工資多了五毛錢，儘管換算成新台幣僅十元不到，他卻好不滿足。只因那微薄的五毛對窮困的少年來講，恰是instant reward，即時的報償。

餐酒館的副主廚看這小伙子如此渴望升職以便多掙點錢，有一天趁著空檔來到洗碗區觀察動靜，對Nobu指出問題癥結：洗碗動作太慢，他得快一點把碗盤洗完，才有時間學做菜。Nobu這才恍然大悟，表面上看來，洗碗拿的是時薪，慢慢洗，工作相對輕鬆，好像較划得來。殊不知快快洗完碗，雖然比較累，卻能爭取到學習的時間。

他加快洗碗速度，開始一點一滴地跟著副主廚學做菜，起初被指派在午餐時段幫忙擺冷盤、做三明治，因為中午上門吃沙拉、三明治等輕食的客人特別多。未真正受過廚藝訓練的少年Nobu興致勃勃，以為自己總算有了出頭的機會。有一天，他首度獨力完成一道菜，雖然就只是配了生菜沙拉的三明治，但畢竟是他在餐廳廚房中做的第一道菜。未料整盤食物被退回廚房，沙拉菜裡頭有蜘蛛，Nobu在把菜葉放到盤上時竟然沒有看見！

「人生的第一道菜就這樣搞砸了，但從那以後我就下定決心，每一道菜都要做到最好。」多年後，李信男在接受媒體訪談時表示。

返台接受「洗禮」

他被貶回洗碗區，一個月後，副主廚氣消了，才又開始教他做菜。Nobu恢復一邊當洗碗工一邊學習烹飪的工作狀態，就這樣習得不少法式經典家常菜色。半年後，他帶著老闆為他寫的推薦函離職，轉赴一家名為「酪酊的閹豬」（Loaded Hog）的小酒館，這一回他不再是底層的洗碗工，而得以名正言順地站在烹台前，擔任助理廚師（commis chef），接著更步步高升，一年後成為副主廚，雖說工資仍不高，但那正是十七歲時他曾妄想應徵的職位。

Nobu回首前塵，直呼那真是一段貧窮卻單純快樂的時光，這或許也是由於他當時相對「無知」。儘管他號稱副主廚，是主廚的左右手，會做許多法式下酒菜和家常菜，卻連菲力牛排的法文叫 filet mignon 都不知道。他認識到自己在這方面的缺憾，就去找有關法國烹飪的英文教科書來讀，他起碼得看明白、聽得懂法文的專業術語吧。

這位二十歲的小酒館副主廚心心念念要在紐西蘭闖出一番天地，然而世事不盡人意，他還需要接受命運更多的考驗。他在基督城接到消息，母親生病了，醫生說是「小腦萎縮症」。這是個什麼病啊？Nobu 聽都沒聽說過，僅獲知此症尚無有效治療方法，且無法逆轉，頂多能減緩惡化。

他不得不返台，後來在弘道老人福利基金會協助下，讓原本住在內湖頂樓加蓋公寓的母親，住進新店的安養院，自己則在亞都麗緻大飯店謀到差事，進「巴黎廳１９３０」當三廚，在廚房中的職位僅高於練習生。

他首度接受台灣職場文化的「洗禮」，或者該說是「打擊」。在紐西蘭求學、生活與工作的經驗，讓他為人處事的作風多少較西化，熟悉的亦

是西式職場文化，這使得他在台北甫上工便感到與人、事和整體環境格格不入。他不過就是個人微言輕的小廚師，在重視位階高下的廚房裡講話卻直來直往，不畏於向上司提出不同的想法，凡此種種，都讓同事們覺得這傢伙活脫脫是一個白目又臭屁的「小老外」、「假洋人」。

有一位如今在台北西廚界亦享有一片天的大廚，和Nobu約莫同時期進入亞都麗緻工作，在他的印象中，Nobu就是個我行我素的年輕人，當時已展露旺盛的企圖心。好比說，Nobu有一陣子總利用用餐期空檔，拿廚房的牛尾存貨來試做菜色，實驗各種做法。這可把大廚氣壞了，餐廳的食材哪裡容得一個小廚師糟蹋！這位沒有人緣但做事的確認真的小廚師，在巴黎廳待了三個月後，被大廚外放到亞都麗緻當時在台北市立美術館旁經營的「故事茶坊」，來個「眼不見為淨」。

既然人際關係大潰散，Nobu索性獨來獨往，不奢求能在職場上能交到什麼好朋友，況且，亞都麗緻的這份工作不但為他帶來穩定工資，讓他得以糊口，更使得他有機會學習並熟悉法式傳統美食的做法。他形容在那裡工作的經驗有如上「密集班」，促使他在短時間內習得許多法國傳

統菜色，在亞都麗緻的後期，他在「巴賽麗廳」負責製作冷凍真空包，一星期要做三百至四百公斤的法式紅酒燉牛肉，工作本身雖無創意，卻磨練了他的技藝。

近一年後，有家日本企業打算在中國大陸投資開設連鎖西式餐館，需要能說中、日、英三種語言的廚師，這不恰恰是Nobu嗎？朋友介紹他去上班，他毫不猶豫地離開亞都麗緻，準備前進中國。

可惜因為各種原因，日方這項投資方案始終無法正式著陸，最後宣告取消。Nobu難免失望，但並未氣餒，反而把握機會詢問資方，有沒有可能讓他去日本工作，卻聽說僅有練習生的空缺。雖然這樣算是降職，但他一來太想回日本，二來則渴望能站上第一線餐廳的料理檯，跟厲害的高手肩並肩工作，遂義無反顧地踏上旅程。

改變一生的那一餐

二〇〇四年，他返回睽違已久的東京，先後在Tony Roma's、Hard Rock Cafe等品牌連鎖餐廳短暫任職，後來進入標榜義大利風味的Spago餐廳東京店。這是奧地利裔加州名廚帕克（Wolfgang Puck）創辦的品牌，在全球多個城市設有分店。Nobu懷著一切歸零的心態，從頭做起，一開頭的職位又是最底層的洗碗工，爾後才憑著過往扎下的根基往上爬升，在一年後成為副主廚。

頭一回在日本工作，衝擊的力道並不小於在台灣承受過的打擊。雖然同在東亞，東京的職場文化又與台北不同。日文是Nobu幼時習用的語言，但是他七歲返台後便少用日語，改說中文，中學以後又講起英語，因此日語聽來難免怪腔怪調，他才剛上工，就被日籍主廚下馬威，訓斥了一番，後者叫他住嘴，「等學會講日語再來說話。」

初來乍到，他發覺日本職場對倫理之重視，可不單只是漫畫或影視作品

中為求戲劇效果而做的誇張表述。「服從」乃不容挑戰的工作精神，在服務客人前，他必須學會服務同事。上班時，高階者若吩咐低階者做什麼，後者切不可提問，也不該多言，做就是了。下班後，沒有回家休息睡覺這一回事，他必須跟著同事、長官去居酒屋喝酒，接著去唱卡拉OK，唱完再去吃拉麵，然後是三溫暖，一切都是團體行動，誰也別想脫隊。更甚者，身為新人菜鳥，注定是老鳥們灌酒的目標，Nobu好幾次被灌到「斷片」，醒來時發現自己橫臥六本木街頭，有一回更在居酒屋的洗手間內抱著馬桶昏睡。

這樣的職場文化，他花了一年才適應。做為基層，他沒有話語權，薪資又超低，每到月底幾乎身無分文，可是他死命堅持，這是他選擇的人生，這行業當初救了他的命，讓他得以活下去，他不能「背叛」它。

說來弔詭，這樣的「恐懼」加上「欠缺安全感」，也正是驅策著他不斷求進步的動力。他坦言，一直害怕自己沒有足夠的技藝，中年以後找不到工作，只能「排隊領救濟便當」。

為了讓自己在Spago能得到同事的接納，並逐漸受到重用，他察言觀色，學到給自己爭取人緣的「眉角」。比方說，一有空檔就主動去倒垃圾、掃地、倒水，在眾廚師出完餐至廚房後門抽菸時，留心上司抽什麼牌子的香菸，下一回大夥又到廚房外吸菸解癮時，適時遞上那牌子的菸。負面看來，這樣似乎有點「狗腿」；正面觀之，卻是善於察言觀色，不失為職場升遷之道。

任職於Spago時，有位副主廚給Nobu帶來很大的啟發，然而並非在廚藝上，而是工作態度上。這位負責叫貨的副主廚，住家在距公司一小時車程的千葉縣，他十年來每一天都到公司叫貨，就連休假日也不例外，一切只因副主廚堅稱，叫貨是他的工作，他必須對工作負責，一天都不能出錯。在Nobu心目中，這正是老派的日本精神。

Spago並不是典型的Fine Dining餐廳，雖說他當時已對法國高端餐飲懷抱憧憬，卻從未有過在真正的法式Fine Dining餐館用餐的經驗。二〇〇三年，有「世紀大廚」美譽的法國傳奇名廚侯布雄（Joël Robuchon），在東京開設L'Atelier de Joël Robuchon，把法式高級烹飪帶向有別於傳統的面向，結果大受好評，成為當時的媒體寵兒。

Nobu看了不知多少報導，對這家餐廳有無限的好奇與嚮往。然而小廚師的工資著實微薄，為了去名店吃一頓，他有一個月時間，每天僅以一串香蕉充飢，九根香蕉只要一百日圓；餐與餐之間萬一餓了，就灌一瓶九十日圓的烏龍茶。他就這樣刻苦度日，最後總算攢到錢，夠吃一頓最便宜的午間套餐。

那一頓飯帶來完全不同的體驗，當時的情景他至今記憶猶新。

「Amouse-bouche（開胃小點）是迷你小法棍麵包配法式熟肉醬，」十餘年後，Nobu對那一天吃了什麼仍津津樂道，「前菜是酥皮肉派，酥皮中包著小牛肉、肥鴨肝和開心果。主菜是用倒吊方式烘烤的乳鴿，淋了肉汁，配菜是高麗菜，那高麗菜用高湯和奶油煨煮過，還有黑松露。甜點是草莓千層。」

每一道菜都不花稍造作，且不避用一般以為普通的食材，卻如此簡單而好吃，當時每天在Spago做著加州風義大利菜的Nobu大受震撼，自認那一餐乃其一生的「轉捩點」之一，他暗暗許下心願，終有一天要進入侯布雄的廚房。這個夢想，在兩年多以後實現了。

不過，在追逐到夢想前，無名小卒李信男尚需接受更多考驗。

胡蘿蔔和白松露

在日本待了兩年，由於工作簽證申請未過，Nobu不得已必須返台，透過當年亞都麗緻主廚介紹，進入美僑俱樂部餐廳擔任領班廚師。雖然這裡的路線仍和法式Fine Dining有一段距離，他不以為意，因為當時已確立目標，就是要努力儲蓄，以支付前往法國念餐飲學校的學費和生活費，實現他的夢想。

為了多賺一點，趕快存錢，他一天只睡兩小時，並兼了三份差。美僑俱樂部餐廳算是正職，他從位於大直的餐館下班後，即刻趕去中山北路一段的天閣酒店林森館，當大夜班的櫃檯接待員，次日一大早交班以後，既然還有兩小時空檔可供利用，那就別浪費時間，去天母一家美而美早餐店打工吧。週六休假日，他可也沒閒著，到文化大學城區部學法文，林林總總，都在為前往法國追夢做準備。

他總算攢夠了錢，繳了餐飲學校的報名費，準備去接受科班教育時，獲知L'Atelier de Joël Robuchon巴黎店在召募無薪的實習生。他迅速寄去電子郵件，申請到這個難得的機會，立刻搭機前往巴黎，雖然自願放棄就讀餐飲學校，他仍以另一種方式實現了他的法國夢。

班機在清晨六點飛抵戴高樂機場，他拉著行李，直接前往餐廳報到，早上九點便到達員工出入口，等了二十分鐘，方有人搭理他，又再過半個鐘頭，一位副主廚聽說門外有這麼一位小伙子，這才派人出來告訴Nobu，先休息一天，次日再來上工。

第二天一大早，Nobu踏進餐廳廚房，也宛若進入夢境，他「站在夢想的泡泡裡往外瞧，一切都閃閃發光」。他再次歸零，開始在廚藝的最前線接受世界級的衝擊與特訓，他的體力、智力、專注力和技術，都將受到極限的考驗。在這高度競爭的環境中，鬥智鬥勇尚不足，他還需要鬥狠。

重當實習生的這位二十六歲青年，每朝六點上工，待放工時，已是凌晨兩點半，那會兒地鐵早已收班，他當然坐不起計程車，就安步當車，從餐廳走一個多小時的路，回到租居的學生宿舍。

他從冷檯開始見習，短短時間內做了這部門所有的菜，接下來是專門製作薯泥的工作檯，絲滑香濃的馬鈴薯泥正是侯布雄最著名的招牌菜之一。然後，他轉往肉檯和海鮮部門，在一共六個月的實習生涯後期，也開始負責帶領新手。

在這間世界級餐廳的所見所聞所學，讓Nobu重新思考法國高級烹飪的真諦何在，而「簡單」（simplicity）又意味著什麼。他發覺，侯布雄所謂的「簡單」（simplicity），並不是任意地往鍋裡加鹽添糖，美味

乃由各種技術和細節堆疊而成。然而當食物端上桌時，客人一嘗，只會覺得美食渾然天成，卻看不出任何斧鑿之痕。

各種農漁畜產，也就是食材，是美食的基本。侯布雄餐廳的屬性是Fine Dining，廚房用的卻不盡然是肥鵝肝、魚子醬等與奢華畫上等號的食材，有不少乍聽十分樸素，只是侯布雄對品質有嚴格的要求，任何將下鍋或置於盤上的材料、佐料和調味料，都必須是最上乘的。在侯布雄看來，刻意去選用所謂名貴食材，是一條太容易走的道路，在他的廚房中，胡蘿蔔和白松露的市價雖不同，然而兩者同為食材，本質和地位是平等的，並無貴賤之分。

且以「鹽」這麼基本的調味料為例，來說明侯布雄對品質持有多麼嚴苛的標準。餐廳用的並不是普通的食鹽，而是產自法國大西洋畔的給宏德海鹽（Sel de Guérande），而且每天早上務必一次烘乾當天所需的分量，萬萬不可讓受潮的鹽影響菜餚的美味。瞧，不過是鹽，也如此講究！

Nobu在這裡學會分辨材料的品質，至此方明白什麼才配叫做好油、好醋或好芥末醬。他也觀察到星級廚房管理之道，好比說，廚房對細節之講究，已到斤斤計較的地步，連湯匙要用什麼尺寸，淋醬汁時該抓什麼角度，都有一定的規矩。

而所有優質的食材皆以精準但「簡單到不可思議」的手法烹調，以不掩蓋食材本身的味道為準則，務必讓客人吃了第一口便知道自己在吃什麼。舉例來說，法餐中常用的調味汁（jus），如果是以雞肉為基底的雞汁，主材料就只有水和雞翅，因為廚房要客人嘗到的，是貨真價實的「雞肉味」。由是，雞翅必須是最好的，平價無味的肉雞可進不了侯布雄廚房的門。正是這樣穩紮穩打、不走偏鋒的烹飪風格，加上對每個細節皆絕不馬虎將就的精神，一層層地堆疊成最後的味道，造就出一道道的美食。在先前未接受正規法餐訓練的Nobu看來，凡此種種都是新鮮的見聞，樣樣都帶來啟發。

他自稱在巴黎的實習生活，是「砍掉重練」的過程。「我重新學做菜，上了人生最寶貴的課程。」Nobu眼神發亮地說，「在那裡，我每一天都覺得幸福，雖然沒有時間休息，卻能夠和最好的料理人在同一間廚房競爭，並從他們身上看出，這些人為何得以出現在這裡。」他發覺到，這些廚師能夠進入技藝如此精良的廚房工作，全非僥倖。

儘管Nobu以「幸福」來形容在巴黎的半年，可是幸福的內裡並非浪漫的童話故事，而是每一刻「發條都繃到最緊」的高壓狀態。主管聽任甚至鼓勵底下的廚師明爭暗鬥，明爭有彼此推推搡搡，好比在經過你身邊時故意用手肘頂你，給你一拐子，或踹你一腳；至於暗鬥的花樣，那可就更多了，什麼把你的冰箱插頭拔掉，趁你去上洗手間時給你熬煮的醬汁加一勺糖等等，各式各樣的狠招，簡直不可勝數。

Nobu回憶道，這樣既要求個別表現，又不講「溫情」，同事彼此「害來害去」的場域，不是人人都受得了，因此廚房的工作人員來來去去，「甚至有新人剛上工兩小時就受不了壓力，不告而別。」

眼下，回首在L'Atelier de Joël Robuchon巴黎店見習的往事，Nobu表示，他學到最受用的一堂課是，再怎麼崇拜一位大師級名廚，再怎麼

熱愛其廚藝，都切切不可試圖模仿其人風格。「一位主廚既要對同仁負責，也該對顧客負責，」Nobu說，「客人來餐廳，會想要吃到食材、廚師的技藝，以及很重要的，主廚的個性。」

「做菜其實是很私密（intimate）又公開（open）的事情，私密在於，客人可以透過菜餚感受到廚師的意念；公開則在於，廚師是為一群人做菜，自然需要接受批評，而你無法完全確定這次會得到好評或遭受惡評。」Nobu Lee就這樣，懷抱著戰戰兢兢的心情，在廚藝這條路上邁步前行，一直走到現在。

因為簽證問題，他最多只能在法國實習半年。快到末期時，他偶然自一位侍酒師朋友處得知，L'Atelier將在台北展店，並已進入籌備階段，他立即應徵，得到副主廚職位，返台加入主廚須賀洋介領軍的開幕團隊。

在侯布雄餐廳的冒險

回台北第一天，他就到籌備處辦公室報到，上班後第一項任務是，帶著團隊主要人員前往台中兩家法式高級餐廳考察，接下來，更重要的考驗開始了，他必須找到合乎侯布雄餐廳水準的乳豬，那意味著高標，且不可以是冷凍貨。上司要求他盡快張羅到合適的貨色，其實，他只有一個晚上的時間！

他趕緊接洽養豬場，打了上百通電話，對方都堅稱無法供貨，好不容易，屏東有位豬農口氣鬆動，Nobu立刻搭高鐵南下，直奔屏東山區，當面拜託這位豬農。後者拗不過他那一番好說歹說，勉為其難地同意供貨，條件是，現金付款，不開收據，且務必保密，絕對不可以讓別人知道乳豬的來源。Nobu二話不說，如願買到餐廳需要的溫體乳豬。

時為二〇〇九年秋天，彼時的台灣餐飲界，食材供應端對食品的高品質要求與保存，並沒有多少概念，侯布雄進入台灣餐飲市場，帶動業界對

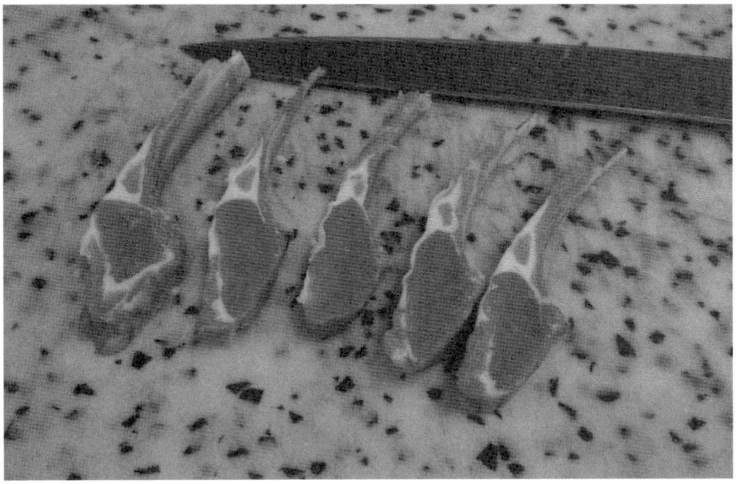

高標準食材的重視。而Nobu本人的優勢在於，待過巴黎店，明白侯氏的要求，且台北分店是從無到有，他可以根據自己所知所學的侯氏標準，挑選夠格的食材，不必受限於已開業餐廳早已習用的品牌或供應商，他自覺那是當時的他「最幸運的地方」。

十一月初，距離餐廳開幕尚有四天，正是緊鑼密鼓之時。晚上十一點，他發現手機有四、五十通未接來電，是親戚打來的，母親過世了。他立刻趕往萬芳醫院，想起和母親最後一次通電話時，她埋怨他返台後沒有去安養院看她，並哭訴自己活著就只是在「等死」。母親責怪得有理，Nobu無言以對，然而餐廳開幕在即，他真的抽不出時間去探母。他向餐廳請了一天假，處理母親的後事，決定將遺體火化植葬。他幾乎一刻也未曾耽擱，隔天便返回工作崗位。

當被問及母逝後，他曾否感到後悔，Nobu坦承，「我當時覺得，我竭盡心力，用盡所有時間和資源，花了十年工夫才走到這裡，如果我不抓住機會，一切又將歸零。」他未能及時把握母親生前最後的日子，誠然是事實，只是當時母親在一定程度上也的確生不如死。死亡，抑或是一

種解脫？直到現在，他仍不敢確定自己有沒有資格懊悔。

「我沒有選擇，只能這樣做。」李梅花逝後十二年，她的小兒子如是有云。

母親走後，另一位在Nobu生命中的重要人士登場了。

那天，預定當天一早就該報到的一位廚師，九點才姍姍來遲，這位年輕人一身血跡斑斑，看得大夥觸目驚心，怎麼上班頭一天就這麼戲劇化？

原來，後來以Lee之名活躍於廚藝界的李家成，在上工途中被機車撞了，他不急著去醫院醫治傷口，反倒從車禍現場直接來餐廳報到。「簡直沒有人相信他會這麼做，」Nobu說，「但是Lee就是這樣一位認真、熱血，不計一切付出的料理人。」

李信男和李家成志同道合，惺惺相惜，他們時常徹夜長談，聊著法國烹飪的歷史與名廚，討論法國菜在台灣的前景，並一起痛罵現行體制和餐飲的全球化。按Nobu的說法，Lee可謂其「靈魂伴侶」，是他在廚藝道路上最珍惜的好兄弟。怎料到，二〇二〇年，人在澳洲的Lee因病猝逝，Nobu心中彷彿出現一個大大的缺口，每思及摯友，往往忍不住潸然淚下。直到現在，他只要在臉書上發圖文，仍必定標註Lee的帳號，彷彿在向這位比親兄弟還親的好友傾訴，自己始終惦記著他。

和Lee成為莫逆，是Nobu在L'Atelier de Joël Robuchon台北店的一大收穫，不過也正是在這裡，他遭受人生一起重創。有一天，他屬下的領班廚師在給餐廳的招牌菜鵪鶉擺盤時出了錯，身為副主廚的他卻未發現。上司勃然大怒，反應異常激烈，堅持要Nobu負起全責，主廚要求他離職。

他帶著屈辱，黯然去職，有好幾年時間無法釋懷。多年後，Nobu提及此事，已不復憤憤不平，他體認到客人既來到高級餐廳用餐，就該得到最高標準的服務，而餐廳裡裡外外的工作人員也必須有最嚴格的自我要求。「我相信凡事都有是非對錯，賞罰必須透明公正。」這位年將不惑的主廚表示，「屬下犯了錯，應當受到責備。但是責備完了，上司也該提出接下來的做法，讓犯錯的人知道自己錯在哪裡，後面又該如何改進。」

是以，這位「蘭餐廳」行政主廚只要身處在工作狀態中，可不是什麼和顏悅色、笑口常開的彌勒佛。當廚房團隊中有下屬一錯再錯時，他照樣會毫不留情地高聲責罵，震怒到拍桌子、摔盤子，也並非罕事。

雖然自己是在非自願的狀況下離開侯布雄餐廳，但Nobu承認，他的確從日本主廚須賀身上見識到不少做事的方法與做人的手腕。好比說，在開店前，主廚必須提交開幕菜單給最高層，也就是侯布雄本人，須賀卻刻意只往上交一半菜單，且是老大並不偏愛的那一半，須賀明白，無論如何，老大都一定會挑毛病。待老大果然表示不很滿意後，主廚立即再交上另一半，上面多是侯布雄歷年來得意作品，老大果然眉開眼笑。須賀主廚真的很了解侯布雄。

SUPERMARCHE
HOTEL

前進亞蘭諾的STAY

二〇一一年二月，國際連鎖的頂級時尚大飯店W Hotel在台北開業，Nobu是開幕團隊一員，擔任Kitchen Table西餐廳的主廚。

他在Fine Dining領域學到的一身功夫，在此泰半無用武之地，因為餐廳主攻歐式自助餐，廚房除了烹製各種適合自助餐的菜色外，尚需負責供應酒吧的簡餐輕食和酒肴。他坦承說，做大飯店的自助餐並非其人生目標，在W飯店的那一年，他當下感到「無比痛苦」，但是他明白西餐主廚的職務和頭銜，能夠給他的資歷添磚加瓦，使它看來更加全方位。

況且，由於W大飯店有客房餐飲服務，他必須學習管理二十四小時都不熄火的廚房，這也是全新的體驗。不過，要說在W的最大收穫，就是認識了不少同事以及餐飲服務業的同行，大大擴展了他的人脈，對職業生涯的發展甚有助益。

話雖如此，「學非所用」的事實，仍如小蟲子一般噬咬著他的心，令他不安，他決定就只做一年，一年的歷練就夠了。而他說到做到，在W大飯店就職滿一年的當天提出辭呈。

離職後沒多久，他跳槽至台北市101大樓新開業的STAY by Yannic Alléno（已於二〇一七年九月底歇業），擔任副主廚。這家頂級法國餐廳由台灣企業家邱泰翰投資引進，冠名的主廚雅尼克・亞蘭諾是法國名廚，在巴黎和法國阿爾卑斯山滑雪勝地各有一家米其林三星餐廳。他擅長「現代法國菜」（Modern French Cuisine），以創新的現代手法詮釋法國經典菜。

其實，亞蘭諾可能和台灣企業合作的消息，早在餐廳開業約一年前，便已傳遍餐飲業界。Nobu對於能夠投入另一位法國傳奇名廚之廚房的大好機會，自然躍躍欲試，因此當確定名廚將插旗台北並召募廚師時，他開始思考如何主動爭取職位。他準備好翔實記載其豐富工作經驗的亮眼履歷，請託任職於邱氏旗下另一家高級餐廳的三位熟人，聯名向老闆推薦他，從而得到面談和試菜的機會。

面試地點在台北市信義商圈一家酒吧，Nobu說，那一天，幾乎台北所有法餐廚師都到場應試，主考官是亞蘭諾餐廳集團的一位總監。

Nobu為這次試菜做足準備，預定試做的菜色所需的食材和器具早就一一備妥，按照他先前在法國學到看到的方法，每天在家中預演、操練。等到試菜那一天，他帶著自備的工具，按部就班，如「分秒不差的時鐘般」有條不紊且精準地做菜，給主考官留下深刻印象，最終脫穎而出，拿下了副主廚職位，成為亞蘭諾麾下大將樂弗（Sébastien Lefort）的左右手。

法籍的樂弗一如日籍主廚須賀，自律甚嚴，在廚房中要求完美，有時會讓底下的廚師簡直「生不如死」。在Nobu看來，須賀主廚聰明靈活，讓他學到「做事的方法」；樂弗主廚則技術高超，教會他「做菜的方法」。

根據Nobu觀察，兩者的不同，與兩人所受的訓練以及個性有關。這兩

位雖皆不達目的，絕不干休，但是須賀有如精明的生意人，往往殫精竭慮，用盡各種辦法來迎接挑戰，其人手腕之高明巧妙，每每令Nobu自嘆不如，自認無法企及。

受古典廚藝訓練的樂弗則比較像技術卓越的工匠，習以硬碰硬的方式面對難題，耗盡力氣亦在所不惜，一點也不怕辛苦。Nobu記得，有一回，亞蘭諾在出餐時，突然決定調整菜的做法，樂弗二話不說，拿起廚刀便將蔬菜切成大小一致且工整方正的小丁，只花了十五秒就切好。緊接著，主廚更不假他人之手，獨力完成亞蘭諾指定的做法。樂弗基本功扎實，工作勤奮，Nobu至今仍視其人為他的「技藝榜樣」。

從侯布雄的餐廳到亞蘭諾的STAY，不論哪個工作環境，只要定位為Fine Dining，便都是高壓力、高工時，廚師卻少有睡眠時間且相對低薪，這樣的工作場所與其說是廚房，毋寧更像是修羅試煉場，原本技術普通的廚師投入其中，接受磨練和考驗，只要吃得了苦，假以時日便有機會成為技術精準的「料理機器」。

將滿三十歲時，Nobu開始思考，有志廚藝者在努力變成料理機器後，有沒有可能再變成料理藝術家？而理性與感性、技術與藝術、方法與哲學，是會不斷地痛苦拉扯，抑或終能得到平衡呢？

他察覺自己截至那會兒，在廚藝的養成和訓練上，皆師承歐洲體系，偏向「舊世界」風格，這讓他隱隱感到，自己被傳統框架限制住了。他從而體認，轉向「新世界」，嘗試接觸新世代的廚藝，並進而打開新格局的時候到了。

1 8 0 4 1

在與妻子相偕前往澳洲前，他有一段空檔，正巧有家公司將在香港展店，需要大廚，他決定先去香港短期工作，多賺一點赴澳的旅費。由於時間緊迫，他來不及申請工作簽證，他索性管它三七二十一，逕自飛往香港，以旅遊之名，行打工之實。

然而，所謂歹路不可行，他在餐廳掌廚才三週，就因非法打工遭香港警方逮捕，被戴上手銬，押上囚車。他透過車窗察看路標，發覺車子從港島一路朝中國大陸方向駛去，心中大感不妙，所幸車子過海到了九龍半島後，轉往牛頭角，他這才鬆了一口氣。在拘留所待了兩天後，他被轉送荔枝角收押所，坐牢三週方獲釋，遣返台灣。

眼下，Nobu憶及當時情景，只覺得一切都很「荒謬」。囚徒在牢中，連自己的名字都沒有，只是獄方分配的一個編號，他的號碼是１８０４１。獄中管理員以粵語呼叫其編號的吆喝聲，至今仍猶似在耳邊；Nobu自嘲說，他始終只會一句廣東話，就是「１８０４１」。

他不但失去自由，還被迫切斷和外在世界的所有連繫，日復一日只能和自己的內心對話，掙扎著不想連「自我」都被剝奪。那樣孤獨無助、惶然不知未來的經驗，他可不願再有，而這一切全因他一時便宜行事，在沒有工作簽證的情況下冒然赴海外任職，這會兒回想起來，這一段另類「深度旅遊」，根本是他咎由自取。

© shutterstock

2

啟程

李昂

令人難忘的「牢飯」

用觀光護照到香港非法工作，在香港坐了三個禮拜的牢，又等了兩個月拿到護照回台灣。

這大概是壓倒Nobu在遠東的最後一根稻草。

接下來開展了他和太太在澳洲紐西蘭八年的歷練與生活。

但且慢，相信大家都會很好奇，關了一個有國際經驗的大廚，Nobu在牢裡怎麼吃呢？

第一天晚上住到五人一室的牢房，已經是深夜。用像拜拜用的塑膠盤子，裝一點飯和一隻小雞翅，還有隨便炒的高麗菜，這道高麗菜以後每天出現，裡面夾雜頭髮、菸蒂、塵土等等，完全沒有調味。

這是給黃種人吃的，印度人吃咖哩，西方人吃西餐，久了後大家換著吃。比較起來，Nobu 說還是咖哩比較好吃。喝的水是放在水桶裡抬進來，上面浮著油灰塵，用兩支勺子大夥舀著喝。

還是把它吃下，飢餓是一種本能，而且也是對自己的一種試驗，吃不下，就等於認輸、被打敗。這個過程最無助孤獨，沒有任何一個人可以依賴，也最能誠實看待、面對自己。

公司的人來探望，帶來巧克力，一屋子五十個人怎麼分呢？用椅子的腳磨碎，分給大家加入睡前會有的半杯牛奶。

跟大家建立好關係，這些人犯的都是輕罪，並不是什麼十惡不赦的大罪人。要離開的時候，牢友們還怕他會冷著餓著，把衣服、存下的書給他。

收下，但把它打包好放在櫃子裡，當天早上四點半被喚醒，什麼也不帶走地離開，不回頭，要永遠不再回來。

Cycling, rollerblading,
skateboarding and
consumption of alcohol
are strictly prohibited.
Heavy penalties apply.

「這些人，也不會是往後要交往的對象。」Nobu誠實地說。

出來，公司的人給他一瓶氣泡水。哇！從來沒有喝過這麼乾淨好喝的味道！第一餐飯吃粵菜，怎麼這麼鹹，吃一兩口，餓，但根本吃不下。

不是有一種回復味覺的訓練，一長段時間不要吃太多東西？

但他認為，三個禮拜太長了，已經不是要讓味覺回復，而是整個破壞掉味蕾，成為一種過度敏感，接下來吃蝦子撈麵，也鹹到不能入口。幾天之後才回復。

在香港被關的三個禮拜，得以直接跟自己面對面，完全的坦誠，沒有外界給的任何意見、聲音，什麼都沒有，只有自己的無助和孤單。

當時每天都在想，接下來會發生什麼事情？會被遣送到中國大陸？會被判十個月、一年？會不會從此沒有辦法出國工作？

然後才發現原來自己這麼弱，「如果沒有這段經歷，在料理這條路，我可能沒有辦法獲得完整的修練。」

回到台灣，他對台灣西餐市場徹底感到失望，那陣子台灣興起了牛排館的熱潮，幾個五星旅館的西餐廳，都改成牛排館，Nobu感到：「做為廚師，這個城市沒有我容身的所在。」

二〇一二年寶艾西餐廳都改成以牛排海鮮為主，對他更是致命一擊，他深信在台灣永遠無法實現成為Fine Dining主廚的夢想。

去澳洲成為一個選項，日本、法國都有待過的經驗，自成一格的南半球，會是另一種新的文化和餐飲的體驗，可以接受到新的刺激和挑戰，而且有working Holiday的簽證方式，最容易到達。

抱著永遠不再回台灣的心情，把所有的證件從戶口名簿到結婚證書，統統翻譯成英文要帶著太太離開。

離開的前一個晚上，他把摩托車丟在麥當勞前，鑰匙丟入水溝裡，那時候住在台北車站附近，天橋上，把手機也丟掉。

「很氣，但也不知道在氣什麼。」Nobu說。

命運般的相遇

三十一歲，Nobu和太太Anita來到澳洲，在墨爾本住下來，立即面臨到的是找不到適當的工作，帶來少少的錢很快就要用完。

去應徵一家法式小酒館，澳洲白人主廚看他一個亞洲人模樣，用很慢的英文，一字一字對他說：

「Do you know what is French cooking?」

對一個在三星大廚侯布雄、STAY餐廳做過副主廚的廚師，這是怎樣的羞辱！

還是只有詳加解釋自己的經歷。

被任用，剛要去工作，先前四處投的履歷有了回覆，墨爾本知名餐廳Vue de monde通知試做。

至少值得一試。

位於五十五樓的Vue de monde是墨爾本最高的餐廳，有電梯直上，高樓景觀無與倫比，是饕客美食家觀光客的最愛。

人生地不熟，第一晚試做完，無人理會，問了才知道主廚已下班。所幸碰到副主廚，他是個新加坡人，Nobu趕快告知在新加坡的讀書經驗，聊起來才知道他是舊識Jimmy Lim的同班同學。

Jimmy Lim 是新加坡人，之後來到台灣，在台中「樂沐」餐廳工作多年，之後開「J L Studio」，在亞洲五十大餐廳名列前茅，米其林兩星。

也算他鄉遇故知，副主廚要他明天再來做一天。八點鐘，眼看著大廚就要離開，趕快到電梯門口堵他，問能不能留下來繼續工作。

眼前沒有職缺，但有人兩個星期之後要離職，如果願意無償來工作，可以留下來試試看。兩個星期後，Nobu 得到這個工作。

每天早上六點鐘到，先搶烤盤，藏起來，自己用不了那麼多個，看八點準時來上班的同事沒烤盤，就好心地說：

「噢！我這裡剛好有多一個。」

與人分享，用這樣來做關係交好同事。廚房總有需要幫忙的時候，如此才能夠行事方便。

只有兩台攪拌機，一早到了就先把當天要攪拌的食材先做起來，如此就不用跟大家爭。

可不可以帶自己的工具與需要的器材來上班？

可以，但是很容易被偷走。

Nobu得到工作，職稱是領班Chef de partie，負責工作站的廚師。工作是做肉品和醬汁的部分。

Vue de monde的主廚Cory Campbell到歐洲學藝有成，他曾在世界知名的「全球五十大餐廳」多年第一名，也曾在米其林三星的丹麥「Noma」餐廳，做到副主廚。

Noma開風氣之先地使用在哥本哈根採集來的當地食材，這顯然影響了主廚Cory Campbell。餐廳做現代澳洲菜，用澳洲食材，講澳洲的故事。

一進入直達五十五樓的電梯，聽到的是原住民的音樂，聞到的堪稱澳洲國寶樹尤加利樹調製出的香氛，食客開始進入了精心準備的澳洲情境。

進入餐廳，天花板用尤加利樹枝，桌上放的是袋鼠皮做的桌布。髒了可以清洗擦拭，但是如果不小心把它弄破了，一張要很多錢。就曾經有一次Nobu端木炭到桌邊服務，結果不小心掉了一塊木炭到桌面，把昂貴的袋鼠皮燒出一個大洞，還驚動了消防局。

沒有table setting，但桌面上擺放的樹枝、石頭，一打開，可以是一把牛排刀、胡椒罐等等。

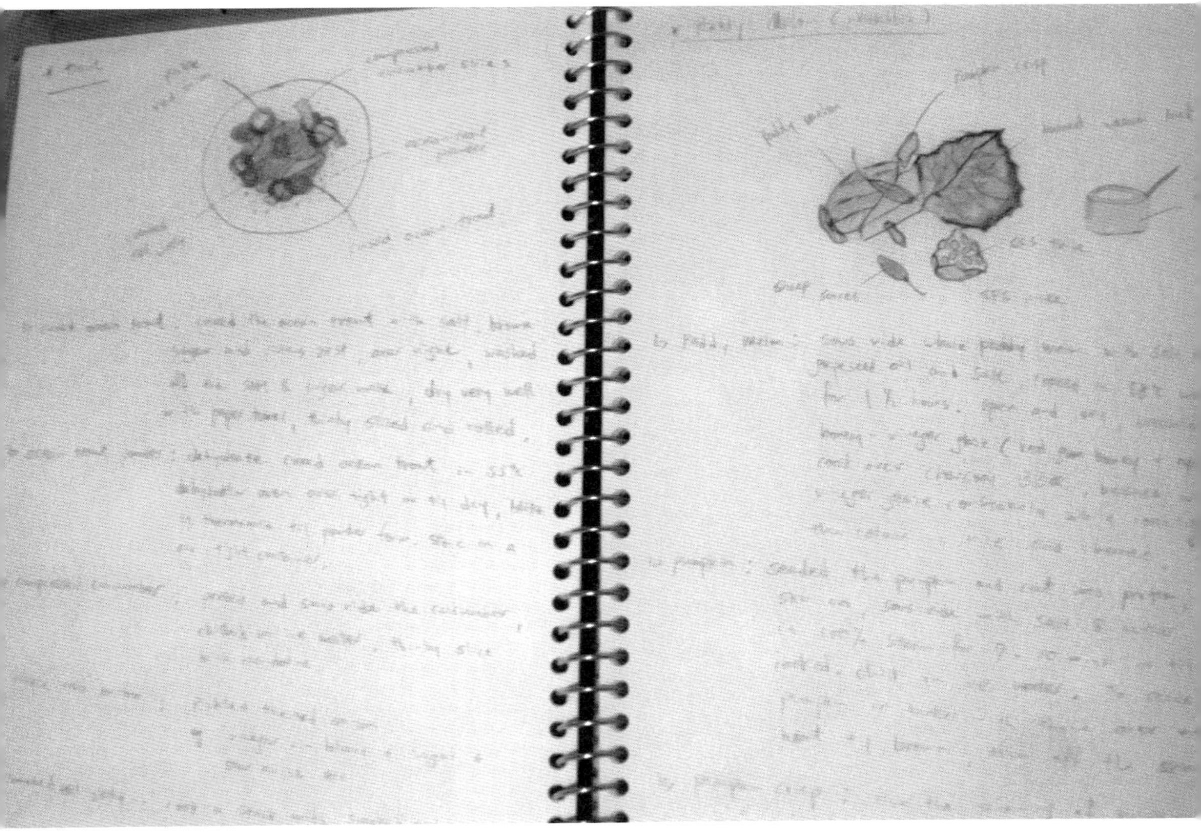

離開台灣，遠赴幾千公里外的澳洲，克服了先前的不適、挫折與困難，來到這個以文化聞名的城市墨爾本，Nobu 終於進入了 Fine Dining 的領域，任職領班。

他自稱與Vue de monde是「命運般的相遇」：

「我在這裡鍛鍊了與世界各地年輕料理人競爭的意識及勇氣，試探了本土化的可持續性，以及對全球性烹飪培養了敏銳的覺察。終於明白原來離開是為了認識自己、找自己，並再次看清身為亞洲人的自己的劣勢與缺點，要怎麼做別人所不為而逆轉勝，不要想著贏，要想不能輸。」他清楚體會，自己為何非離開不可，因為距離可以幫助思考，讓他找到自己、看清自己，而不是陷在熟悉的地方回憶、耽溺情緒，無法面對真正的自我。

找尋自我風格

Vue de monde簽證一年結束，Nobu想要回台灣開個小店。太太建議，來澳洲都沒有玩到，每天陷在無止境的工作裡，回台前想到雪梨去玩幾天。

如果是這樣，當然要去吃雪梨一直想去吃的餐廳Marque Restaurant，馬克餐廳，Mark以法文拼成Marque。

這家餐廳以前衛出名，廚房只有五個工作人員。吃飯時碰到主廚，Nobu說喜歡他的菜，便聊起來，主廚也是老闆的Mark Best，問要不要留下來一起工作？

Nobu回答簽證即將要到期，Mark說幫忙辦沒有問題，而且給了六萬多澳幣年薪，比在墨爾本的還多。

MARQUE
Restaurant

問太太的意見，太太反問：「你想要留下來嗎？」他說想，兩人搬到雪梨，簽證也下來了。

一開始，Nobu 面臨極大的考驗，因為和主廚之間風格相當不同，有時簡直是對衝，吃了很多苦頭。

Mark 認同 Nobu 有能力，但一直以為他的想法和表現方式都太亞洲，要他能更西方。但對 Nobu 來說，這樣一來就不能做自己，沒被尊重和認同。

太太非常體諒地說：「如果真的不行，那就回台灣好了。」

可是他不認輸，不一樣沒有關係，要繼續嘗試，才能夠接受挑戰，每天吵，才有新的火花和方向。以前主廚講什麼，都要回答：「Yes, Chef.」

現在Mark知道他的個性，要他講出自己的想法，再彼此討論。

與Mark的磨合，Nobu稱作是，「再次領略歐洲年輕廚師澳洲主廚的創意及揮灑。」

誰是Mark Best?

維持十年的三頂帽，極高的榮譽，Mark Best在Alain Passard巴黎的餐廳做一般廚師，並受到很大的影響。做菜的風格在自然和前衛之間。盤中不見裝飾，也不強調漂亮的切丁，自然不做作，有如這食材、這道菜天生就長在這裡，舒服而且耐看，自成一格。

Nobu吃Alain Passard的菜，雞鴨一半一半拼在一起，羊肉打開鴿子塞在裡面，蘋果切薄片和比利時萵苣塞在裡面去烤，當然都很好吃，可是他會問為什麼要這樣做？想去了解理由。

和Mark Best兩個人之間的磨合，真的很需要時間。半年後，Nobu升到主廚，Mark做為行政主廚。馬克餐廳曾有十年拿到三帽，如今降為兩頂帽，如何擦亮老店招牌，再度拿回三帽，成為更大的挑戰。

Nobu對這個階段有這樣的體悟：

「午間套餐是我的新戰場，在創意與利潤間擺盪。何謂主廚？員工餐給我的不只是一堂課，我在執行的過程中找尋自我風格，慢慢地理解：所謂的Fine Dining，就是如何呈現理念，而不是呈現技巧；如何表述自我，卻不透過語言。（Fine Dining is about how you show your philosophy without showing the technique and express yourself without talking.）」

這段期間最值得記憶的是好友Lee與Marc來到雪梨。

Lee是多年好友，Nobu認為Lee的技藝、才情都不在他之下，可是含蓄而不會主動爭取，在西方世界，這樣的人不容易出頭。

從台灣來到雪梨，工作一直不容易發揮所長，Marc幫忙介紹他到雪梨歌劇院，工時長、工作繁多、壓力大，本來就有紅斑性狼瘡宿疾的他，身體不容易負荷。

Nobu勸他回台，紅斑性狼瘡是一種亞洲人的疾病，在台灣可以得到更好的照顧。Lee卻仍想留在澳洲。

Lee的病終究沒能治好，在三十八歲英年早逝。對此Nobu總是說：

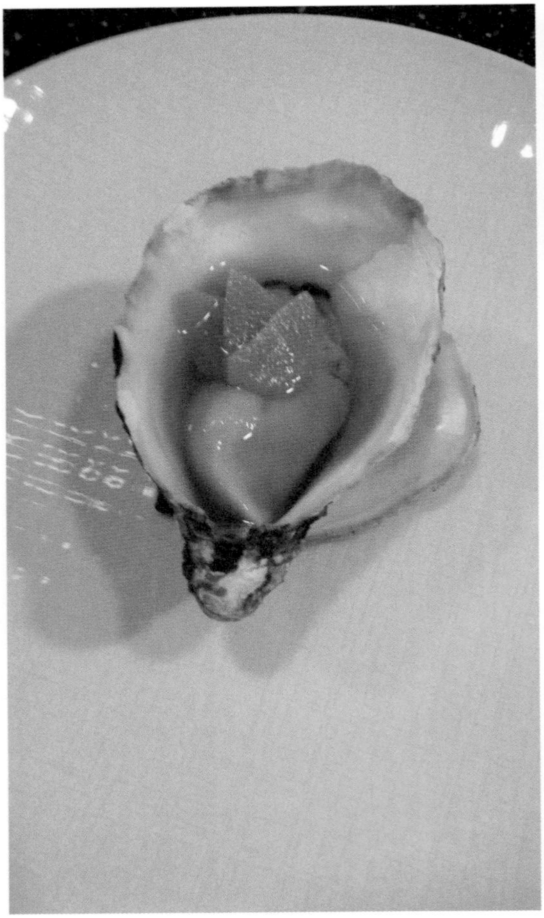

「我一直很愧疚，Lee的死跟我有關，如果當時不是鼓勵他來澳洲，也許不至於三十八歲就過世。」

值得提及的是在雪梨碰到Noma大廚Rene Redzepi，那個時候他做完東京的pop up，接下來要去澳洲客座十週，因此先到澳洲考察。

和Mark在巷子裡迎面而遇，因為Mark大聲叫他而有一面之緣。

Rene以大師級的高度來談新的理念、大膽的味道組合運用，絕不會被挑戰質疑，因而在澳洲掀起巨大迴響。

比如有一款玫瑰香氣的康福茶，Rene以鱺魚油調味。

鱺魚在澳洲極為常見，Nobu以鱺魚加上野生鱸魚，來做法式清湯，兩者同樣生長在淡水鹹水交界的水域，果真可以相融。

沒有什麼是不可能的

工作兩年七個月，馬克餐廳一直沒有拿回三帽，Nobu現在回想，認為可能是策略不對。因為餐廳小，總以為要以前衛取勝，卻忽略客人，因為走得太前面了，當時才會得不到喜愛與認同。

從此深刻體會，在乎客人的喜好與感受，對廚師來說同樣重要。

二〇一六年七月Marque restaurant及旗下的小酒館Pei modern結束營業。

總是一肩扛下所有的一切，極容易否定先前的Nobu，又再一次這樣說：「對我而言，好

像是幾年來的努力耕耘被整個雪梨社會所唾棄與否定。今後在澳洲要如何走下去？我感到刮骨剔肉般的不安。」

三個月後，先前在墨爾本工作的 Vue de monde 主廚老闆 Shannon Bennett 來了一通電話，邀請他到墨爾本這家老牌、仍是三帽的餐廳，而且還是主廚的職位。（先前第一次來工作職稱只是領班。）

Nobu 說：「就像三年前初到澳洲時，Vue de monde 給我的不只是一個工作，是一個希望，一扇看見世界的窗和扭轉廚藝生涯的機會。」

Nothing is impossible，沒有什麼是不可能的！

Vue de monde這樣知名的大餐廳，有五十到七十個位置（共五十八個座位，每晚七十位客人，翻六桌），Nobu覺得這個size很適當。再小的話，三十到四十個位置，收入絕對更少，沒有辦法給員工更好的薪水跟生活。

在紐澳必須午餐、晚餐都做。Vue de monde廚房很大，不能全入視線範圍。制度完整，Nobu任職行政主廚，之下有兩個主廚，還有五個副主廚。每個人都很有經驗，有自己負責的區塊。

這是廚師們覬覦的工作，Nobu得到這個工作還上了媒體，有人羨慕，但是也有人等著看笑話。

工作是介於辦公室與廚房之間的溝通，這兩方因利益關係可說是對立面，本就不容易。整個工作環境像是聯合國，加拿大、英國、法國人等等都有，最多時和十七國籍的人共事，每個人英文口音都不同。彼此之間的隔閡，真的需要時間適應。

要不是Nobu練就了除了專業之外的強勢，否則根本無法做事，他覺得：「其實我認為工作不是做菜，在那邊好像只是一個神主牌的感覺。」

每天差不多都在開會、協調人事、食材張羅等等行政工作中度過，雖然學到不少東西，但是就算也在「餐廳」工作，離做好菜的夢想好像更遙遠。

十個月後，他終究離開了。

在澳洲待了五年多，發現澳洲因為人力成本昂貴、房價高漲、人才流失等等因素，餐飲市場已經開始走下坡。

二〇一七年九月，Nobu由菲律賓前往德國，由昔日恩師Mark Best說服，任職星夢郵輪世界夢號開幕的團隊主廚，郵輪從德國開往新加坡。

這可說是「捨棄一切的一步」。

郵輪自成一個封閉的海上社會，基本上是菲律賓的員工掌握。Nobu求好心切，想將Fine Dining用於郵輪，發現底下的人根本無從配合，十分不容易。

正不知如何是好，手下的副主廚告訴他：「這些員工有人向高利貸借錢辦船員證，才可以上船工作，得工作五、六年去還錢，每年甚至要工作十個月，都不能休息。等著這份薪水，全家的生計都在身上，如做不了被辭職，將不知何去何從。」

Nobu看到了另外一面的人生，他認識了另外的一種現實，雖然調整了心態，但終究不是長久之計，四個月後，他又再次離開。

前進紐西蘭

郵輪簽四個月的短約，有菲律賓得力的助手，可以什麼都不用做，但這不是長久的，畢竟在海上跟在陸地上是截然不同的世界。

Nobu 知道廚藝的精進和想要追求料理的道路不能中斷，否則不僅前面的所有努力都變得沒有意義，也不是他內心想要追求的。

就在郵輪工作要結束之前，看到紐西蘭奧克蘭的 Clooney 庫裏餐廳要結束營業的消息，以前是透過一些客座活動認識老闆 Tony Stewart，Nobu 在此時傳訊息給他，船在外海沒有收訊，一個禮拜後，在船隻靠岸時，他收到了回信。

Tony Stewart 問：「你有沒有興趣買下餐廳？」

Nobu 說沒有錢，可以的話還是邀請去做菜。

WORLD

EMERGENCY
EXIT
ALOHA

他說，如果Nobu願意，可以再試一次。

Tony是一個有熱血的人，可說是一個餐飲狂人，他再去跟銀行借一大筆錢，七、八十萬的紐幣，大概是一千六百萬台幣左右。

「接受這個工作是因為我覺得這是一個緣分，已經到船上去工作，幾乎要走投無路了，已經不知道我的下一步在哪裡？」

人生中兩次來自紐西蘭的邀約，對Nobu都是即時雨，這一回，尤其是讓他又再回到開始學做菜的地方。

第一次，高中畢業，爸爸過世，身上沒有錢，家裡沒有錢，不知道該怎麼辦的時候，紐西蘭的Jimmy McIntyre、Ben Carpenter接納了他，教他做菜，給了他一個謀生的技能。

十八年後，在職業生涯無以為繼的時候，一樣又是紐西蘭給他一個機會，可以繼續走下去。

Nobu常說：「對這樣的緣分跟機會，還有這個國家，一直以來充滿了很多的感情跟感謝。」

在北島奧克蘭，比起台北，是有點無聊的一個地方。Clooney是一個小的餐廳，沒有集團在後面支持。以前也拿過了好幾年的三帽，多半在兩帽和三帽中間徘徊。

Nobu接手後許下心願：

「不管要做什麼，唯一的目標就是要幫餐廳拿到三帽，而且第一年就要拿到。」

員工其實就五個人，洗碗倒垃圾都要做。所有的東西都是自己做，也養成了很好的習慣，因為會備夠當天營業用的量，新鮮不用說，醬汁高湯什麼都現做。

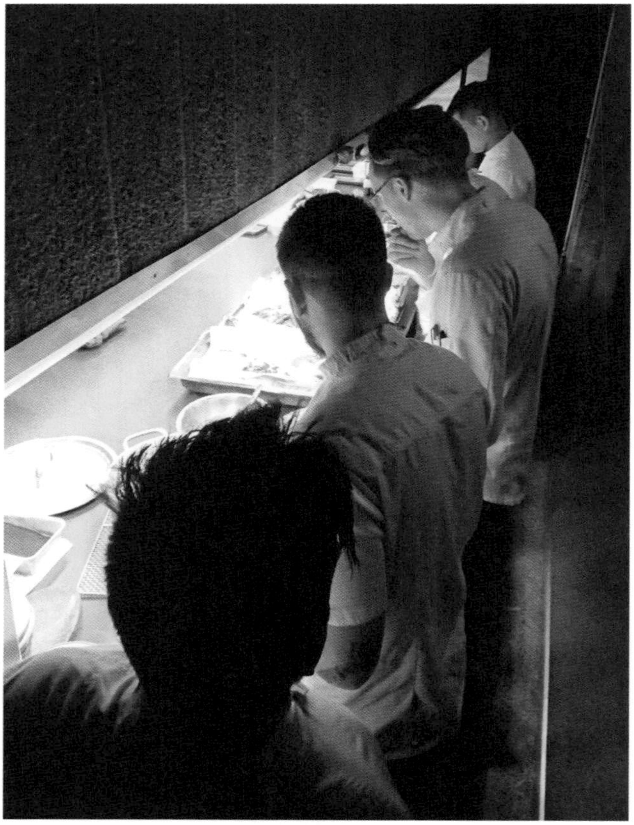

每天做一樣的東西，當天狀況有微妙的差異，馬上就會感受到。

Nobu和老闆兩人決定要做當代的紐西蘭料理。不僅講述很多紐西蘭的故事，還要非常努力地去執行。

紐西蘭是一個移民社會，有很多太平洋群島的移民。也有很多亞裔的移民，還有一些澳洲、美國過來的白人。

因此首先要思考：「怎樣用我們的方式，來定義當代的紐西蘭料理。」

首先要尊重每一個文化，原住民的文化很好，但是，原住民並不代表所有的紐西蘭人。對Nobu來說，用當地的食材就是詮釋這個國家料理的最好方法。

因此，在這個廚房不會出現任何非紐西蘭產的食材。這是二〇一八年，這樣的觀念已經很普遍在世界各地風行。

菜單的編排，以幾個小故事來做開場，每一季菜單的第一道菜，一定是對當地原住民文化、也就是毛利文化的一個致敬。

Nobu做過一個淡菜開胃小點，用裸麥麵包加墨魚汁。淡菜來自原住民毛利人的做法，蒸熟之後，加了一種當地的野草叫puha下去發酵，帶點自然的酸味。

再來做了一個小花園，紐西蘭的年輕人都希望自己可以買一棟獨立洋房，媽媽可以在前院種花，爸爸在後院種菜、喝啤酒。

Nobu還做了一個Fish and Chips，用了短鰭鰻魚，這種魚會從紐西蘭的東岸游到湯加群島去產卵，下一代會從那邊再游回來。反映出這個社會

裡面有很多移民，世世代代就是在尋找一個新的可以生活的地方。可是到一個新的地方之後，又不斷地回望，一種尋根的感覺。

「其實這個故事也多少反映出我自己心裡面當時的感受。」

一開始真的很辛苦，很多客人都以為Clooney已經不做了，只有重新再把他們找回來。

很多時候晚上都是坐一桌、兩桌，甚至沒有客人。但沒關係，就算是兩個客人，也要把最好的做出來。

好不容易撐過了最辛苦的第一年，前面的三個月都不太有客人的時候，他心裡真的覺得很徬徨，總想著：這是不是一個對的事情？未來又在哪裡？

紐西蘭是一個畜牧國家，不能不令人思考，當有一天，溫室效應越來越嚴重，紐西蘭不再有辦法生產像現在這麼大量的農產品、肉類時，該怎麼辦？

Nobu用了當地生產一種超級大的蚱蜢來入菜，這是他第一次烹調昆蟲，真的很恐怖。（其實中華料理也吃很多昆蟲，蚱蜢還算平常。多半把肚子打開，把裡面的臟器拿出來後，再拿下去炸之類。）

先急速冷凍，等牠死掉後再用胡蘿蔔、月桂葉去煮，煮到牠吸飽了香甜湯汁。之後，把牠一隻隻站立起來，放在架上，用六十度烘乾機烘乾。

「第一次做我犯了一個致命的錯誤，忘記把牠的後腳拔掉，牠的後腳有倒鉤。我自己在試吃的時候，鉤子勾到我的嘴巴。」

對Nobu來講，是一個新的嘗試經驗，一輩子難忘，也讓他體認到，好

像不管怎麼努力，都很難把牠做得很好吃。

至於煮的過程為什麼要用胡蘿蔔呢？因為這大蚱蜢不是野生的，是養殖的，在飼養的時候，只給大蚱蜢吃胡蘿蔔。

如果是在野外抓的，不知道牠會不會有什麼病菌？在無菌室裡面養的，至少不會有問題。

紐西蘭有一年一次的昆蟲美食節，毛利文化不會去砍枯木，枯木打開會有Hutu grub，是一種肥軟甲蟲，幼蟲跟拇指差不多粗，可以直接吃下去，有點像台灣在吃蜂蛹那種感覺。

Nobu還看過有人用一種山裡面特別的蚊子做成的酸醬汁，但這些都不是很平常、主流的吃法，南島的西岸，在每年一次的美食節上，會有吃這些東西的傳統。

榮獲三帽最高榮譽

紐西蘭土地面積是台灣的七倍，人口很少，但是生產最好的肉、蔬菜和海鮮，第一選擇就是外銷。最好的羊肉，都是賣到香港、日本、台灣、中國大陸。最好的牛肉、海鮮都送美國。

做菜有時候只能拿到次等的食材，真的很辛苦，不知道怎麼辦才好，因為沒有辦法搶贏經銷商。

最直接的例子是有一次，蘆筍剛上市沒多久，才剛開始用不到兩個禮拜，有一天就說沒有了。

沒有是什麼意思？是今天沒有、以後都不會有？才兩個禮拜怎麼可能產季已經結束了？

原來蘆筍全外銷到澳洲去。

Nobu就真的開車，開了兩個多小時車，到郊外自己去採，也只能揀裡面稍好的來用。像這樣的事情，不是只有一、兩次。幾乎每樣食材都可能發生這種狀況。

Nobu一直想要改變這個生態方式，所以他在的時候不斷強調，他使用的是紐西蘭的食材，紐西蘭最好的食材要留在自己家裡。

紐西蘭人可愛，他們的天性愛自由，不太喜歡拘謹，吃飯更是這樣，所以很少人喜歡Fine Dining。

直到有一天，報紙的專欄刊出了Clooney餐廳的食評，給十九分的評價，滿分是二十分。從那個星期開始，餐廳每天都爆滿。Nobu非常感謝這篇食評，因為很多人以為餐廳已經收了，也有很多人聽說重開，但是不知道到底在做什麼。

客人大都是白領階級，白人與華人大概一半一半，有台灣人會特別來捧

Cuisine
GOOD FOOD
AWARDS
CLOONEY

CLOONEY

場，也會邀請他吃宵夜，到農場、家裡佛堂等等，但畢竟生活圈不一樣，難有社交生活。

從那之後，才稍微喘一口氣、可以站穩自己的腳步，也朝他要的目標去走。那一年年底，Clooney拿到了三頂帽子的最高榮譽。

「這圓了我心裡最大的一個夢。在我學做菜的國家，拿到這個國家的最高榮譽，我覺得是很圓滿的一件事情。我也要很感謝他們對我的照顧跟關愛，就更覺得我們應該要更深耕這個國家的這間餐廳。」

可也有人問：「在拿到三帽的這個過程中，會不會被挑戰？」「你也不是紐西蘭人，做紐西蘭菜會不會沒有主場的地位？」

「這件事情就是從我做菜到現在都如影隨形地跟著我。不管是在日本的時候，還是在台灣的時候。我在日本時人家質疑：『哦！你也不是日本人，也沒去過法國（日本很多廚師都去過歐洲）。』在台灣的時候，也會被問：『你說會做法國菜，法國料理真是這個味道？』這其實也是我當時拚了命，也要去法國的原因。」

這壓力是累積的，就是日積月累，一點一點，每個意見、每一件小事情，一點一點加上去。

「就只有隱忍，在國外不管做得多好，不管拿到什麼獎，因為我就是一個亞洲人，覺得我就是很弱勢，雖然我標榜的是做最正統的當代紐西蘭料理。」

很不服氣，同時又很不甘心，於是不斷在思考「自己可以多做點什麼去改變」？

首先，就是希望可以跟社區有更多的連結。廚房通常做菜會有一些邊角，餐廳跟一個慈善團體合作，每個禮拜一天，會用這些邊角做一頓飯，給一百五十個無家可歸的人、或者是沒有工作的人吃。

每個禮拜四就成為一個很重要的日子，早上，這個慈善團體到餐廳去拿準備好的食物。也跟一些社區的菜園合作，把廚餘給這些菜園作堆肥。還有到社區的廚藝教室，教原住民和一些比較弱勢的家庭的小朋友做菜。試著去啟發他們，幫助他們在未來找一個方向。

「拿到三帽對我來說，是這二十年來所做的努力跟付出的一個肯定。但更有意義的事情是，我回到我學做菜的這個地方，能有所回饋，我覺得很幸福。」

可最深切的內裡，最根本的問題仍然存在，Nobu不得不一再自問：「我住在這邊，用當地的食材講當地的故事，可是我卻沒有一個深入交往的原住民朋友，這一切好像很空、很虛幻。」

餐廳裡難道沒有原住民嗎？餐廳的洗碗工都是移民，來自印度、南美洲，毛利人不會作洗碗工。那麼，有碰到毛利人做廚師，在廚房工作嗎？沒有，Nobu說他工作的期間完全不曾碰過。到了今年，才看到有一個毛利人女性大廚，拿到三帽。

從紐澳經驗蛻變

總結這七年的澳紐經驗，Nobu很感謝一直陪伴在身邊的太太Anita。

童年以來一直不斷地換地方生活，Nobu沒有安全感，生性又很容易躁動，一直以來都是摩托車亂停、不繳罰單的。每次看到路邊遊民，總覺得這就是自己未來的下場。

在新加坡時有一次心理醫生說，他的生命中缺乏父親，所以就要創造一個父親的角色來鞭策自己，否則一旦走偏，就會容易出現暴力傾向。

太太Anita給了他唯一的安定力量。

「她連結了我與社會，讓我學會保持平衡，如果不是她，我很可能走偏，走向暴力、邊緣化。」

「在國外，心裡一直覺得很不踏實，做他們的料理，講他們的故事，生活在他們的文化，同時，我也會反問我自己，那我自己的呢？我是日本，還是台灣，還是哪裡？」

自嘲做廚師的生活就是火爐和床，百分九十的時候都在廚房。Nobu笑著說：

「我來七年多，連大堡礁都沒有去過，說出來很多人都不信。」

對於亞洲人在這區塊工作所遭受的不公平對待，比如說：

「客人有時稱讚菜非常好吃，但是當我做為主廚，出來介紹菜是我設計、我做的時候，客人一看我是個亞洲人，反應馬上不一樣，只會說：『還不錯啦！』」

歧視當然是有的。澳洲相較於紐西蘭更為嚴重，紐西蘭人大致比較平和，但仍然有一次遇到客人問：「你是拿難民身分來的吧？」

Nobu當然氣憤，也只有回答：「我希望你是今晚喝多了酒，才會沒禮貌地這樣說。」

白人為上，帶來大筆金錢的新富中國人自成小圈圈，不太與外界交往，財富和強勢令人不快。

還有一些老澳洲人居然會說：「這麼多中國人，撞死一些好了。」

料理上，綜觀在紐澳兩地，Nobu說他們自稱做的都是「新澳洲菜」（Modern Australia Cuisine）、「新紐西蘭菜」（Contemporary New Zealand Cuisine）。

同樣是以法式技術工法為基本，但手法因在地有所不同，舉個簡單的例子，比如肉的熟成，會包在當地一種特別的草裡面，以吸收其特殊的香味。

說是「新澳洲菜」、「新紐西蘭菜」，主要是因為食材都來自當地，以在地的各個族群的文化特色，創造出來的新料理。

不是法國菜，但也不是Fusion，就共同稱作「新澳洲菜」、「新紐西蘭菜」。

反思台灣，那麼他現在在台灣做的，我們一般通稱的創意料理，又該如何稱呼呢？

「新台灣菜、新台灣料理（New Taiwan Cuisine）吧！」

Nobu是台灣少數有西方舊世界（歐洲）又有紐澳新天地經驗培育的大廚，問後輩對廚藝有興趣的人先到哪一邊學習比較好？

他的回答不出所料：「先到舊世界。」

學會扎實的工法技藝，借鏡文化傳承，再到了新天地，接受異文化的洗禮，反思自己所有，經由刺激找到自己的新方向，Nobu 一直都覺得這是對自己最好的訓練。

整個紐澳七年，最值得一提的是什麼？

紐澳是一個新大陸，較少包袱和規則，只要敢要、有實力，就會把機會給你。

剛去澳洲的時候，行事很小心謹慎，雖然有種族歧視，但仍可為自己爭取權利。

七年後離開澳洲，他對一切更有自信，更敢於去表達自己心裡面真正想要的是什麼。

以前受亞洲教育，他的父母一個是日本人，一個是台灣人，都教育孩子要很謙虛、含蓄表態，但是在澳洲頭一兩年，他就要試著去表達自己。

去面試時被問到你要多少錢？身為台灣人，最常講「按照公司規定」，但這樣一來卻可能拿到滿爛的薪水，後來就直接講要多少錢。有些公司會說，我們沒有辦法給你這個數目，但差距可以討論用另外的方法給你。

Nobu 提到回來台灣後，在跟同事面試時，也會問他們想要多少錢，雖然不一定能給到對方要的數字。「但是，我想知道的是，他們對自己的期許有多少。如果沒辦法給到這個數字，至少可以告訴他們，要怎麼樣幫助他們在多久時間達到這個數字。」

Nobu 以前覺得自己是亞洲人，就算要在澳洲待下來，也不可能當主廚。可是後來在澳洲兩次擔任主廚的職位。兩家都是夢寐以求的餐廳，都不是去應徵，也不是來自內部升遷，Vue de monde 是老闆直接打電話來找，那是一個夢寐以求的職位。

在這個地方，好像沒有什麼不可能的事情。

但也必須說，在這樣的環境久了，真的會被寵壞，就覺得什麼事情都是理所當然，這樣的工作環境，要這麼高的薪水。

而紐西蘭對Nobu更是意義重大，那是他開始學做菜的地方，也是他拿到三頂帽的地方。

要離開的時候，他其實心理很煎熬、掙扎，真的不想離開，可是整個氛圍讓他覺得沒有未來。

突然決定接下「蘭」的工作邀約回台，連Nobu自己都訝異，何以這個決定作得這麼快。

「應該是心裡很想家，但始終不願承認，

也沒認真去想到底要怎麼做才能回台。」

回到台灣，Nobu 覺得台灣人真的是超級細心又善良。

早上四點到台北，六點已經在三重吃滷肉飯，旁邊有個機車行，走進去說我要買摩托車。老闆娘介紹一台白色的，說現在去監理所辦，三個小時就可以牽車。去辦手機門號，小姐問有什麼要求？「隨便，沒差。」小姐於是幫他選了一組，「剛好是你的生日。」

Nobu 覺得，這真是米其林三星的服務！「在紐西蘭、澳洲，或在法國，不會有人這麼發自內心地服務你。」總之，可以回來台灣，真的很幸福。

回顧學藝過程

直到從紐西蘭拿到三帽回台，Nobu回顧這一路走來的歷程，「喜歡做菜，踏上的是一條不歸路。」

一開始的經驗是恐懼和害怕，十七歲在紐西蘭當洗碗工，被開除了好多次，因為動作太慢，洗不乾淨，很怕被開除就沒飯吃。

剛開始學做菜，薪水很低，過很悽慘的生活。後來體認到會這麼悽慘，是因為什麼都不會。如果有一些經驗是別人沒有的，或是會做一些別人不會的事，相對會更有優勢的競爭力。

有一天休息，他去了圖書館，看到一個美國名廚跟一個澳洲名廚的書，但是實在太窮，窮到連吃飯都有問題，根本沒辦法買書，就把書偷走了。這本書，至今都還放在他的書架上。

他對書中料理的追求、對技術的渴望，遠遠超越一切。十七歲了，沒有機會，什麼都不懂，沒有上過餐飲學校。後來發現可以去買餐飲學校的課本，看課本至少可以知道理論和知識。

學做菜的路程就是不斷去尋找機會，甚至一直到現在，最需要的就是機會。去找工作，他從來不看地點、薪水，而是看工作內容，只要是以前沒有做過的、不會的技術，對做菜的經驗是有幫助的，他就義無反顧地去。

當初去日本、去法國，他幾乎都是孑然一身，身上都沒有帶錢。

回憶起在日本的經驗，Nobu每天都過得很窮，很痛苦。他沒有在日本念過書，日文不是很標準，會的日文都是小時候留下來的記憶，直到後來交了日本女朋友，才有了練習的機會。

在日本，就是一個人，一個outsider，過很辛苦的生活。

他學到很重要的幾件事情，在日本也許很理所當然，但外面的人看來卻可能超乎常理。

比如在一間餐廳工作，去廁所的時候不管內外場，都要把鞋子脫在廁所門口，光腳走進去上廁所。Nobu很不解，便偷偷問了一個同事，原來是因為廚房很油，常有菜渣卡在鞋縫裡，若穿鞋子走進廁所，很可能害下個使用的人滑倒受傷。

後來換公司，公司宣導一件事情，請大家坐著上廁所，不管是男生和女生。因為男生如果站著上廁所，較難清理，也有人索性就不清理，對下一個使用的人，不管是不是客人，都不方便。

說來有點難為情，上班一天的休息時間只有十分鐘，要吃飯根本不夠。於是就衝去附近的便利商店買吃的東西，然後衝去廁所，一邊上大號一邊吃。

很多東西雖然看起來很蠢、不合理，或者從西方的觀點來看很不文明，但後面自有它的道理，也可能有很大的啟發。

日本有公司的員工手冊上面有一條，規定男生坐電車的時候，要把背包放下來，夾在兩腿之間，兩隻手都要抓桿子。不管電車有沒有客滿，只要是公司員工，都要這樣子做。這是為了要避免在電車上被誤認為是色狼，有損公司形象。

這樣的規定，在日本比比皆是。

當然在日本，也有一些非常細微的體貼。有一個哲學是，在你服務客人之前，應該先學著怎麼樣服務你的同事。Nobu覺得很有道理，就試著身體力行，他會在冰箱裡面，準備六瓶chef喜歡喝的啤酒，找到機會就把菸、啤酒跟打火機一起給他。

「因為這個行為，我的同事很恨我。可是我因此得到了我想要的。那個時候在做披薩，做到根本要恨死披薩，我很想要學做sauce，因為對chef的『體貼』，後來如願被調去做sauce。」

整體而言，在日本工作雖然是一個很辛苦的體驗。但他也覺得很幸運，自己在年輕的時候就有這個經驗。

而在台灣的職場，則學到很多人跟人相處的細節。

那時剛從紐西蘭回台，到亞都麗緻的巴黎廳面試。被問有看過《總裁獅子心》嗎？回說不知是什麼，但會把這些書買來看。再問知道嚴長壽嗎？不知道。

這樣的回答，Nobu 感覺好像冒犯到他們。當對方再問怎麼會來面試？他回說，只要問人全台灣最好的法國餐廳是哪家？大家都會說是巴黎廳。

在亞都麗緻工作，遇到同事，不管是不是和他同一部門，他都會問好，但當時沒有人要跟他打招呼。

「因為是新來的，所以排擠我嗎？」

找了一個人來問，才知道原來大家沒有這樣的習慣。諸如此類，很多東西也花了一整年的時間去瞭解。

那時候也吃了很多苦頭。Nobu回憶，自己那時就是一個沒禮貌的臭屁小孩，冒犯了很多人。當時在亞都麗緻也是大家眼中的討厭鬼，試用期九個月才過，「但也是很幸運啦，有一個公司願意這樣包容我。」

在巴黎廳三個月，第四個月就被流放到台北市立美術館旁的故事館。每天都在想，只要待滿一年就要離職，真的太討厭這個地方。

後來也慢慢去瞭解並習慣台灣的工作模式，當時的亞都老師傅都還沒有退休，在廚房講台語，對他是很大的衝擊，台灣最好的法國菜餐廳，在廚房竟用台語喊單。也因為這個原因，他現在台語很好，可以正常溝通沒有問題。

而法國呢？

想學廚藝的、最好的年輕料理人，都在巴黎；最能吃苦耐勞、最有野心、最想成功、最受得了寂寞的人，也在巴黎。

Nobu覺得很幸運，能和這些人在巴黎的廚房一起工作、一起競爭。無論是做東西的方式，看到的生活，那樣的氛圍和那種fire、那種energy真是前所未有。

長時間上班、捱罵、被打。在那樣環境下彼此競爭，培養戰鬥意志，對Nobu後來的職業生涯有了決定性的改變。Nobu並不懷念這段時間，但是當時的每一天都覺得自己終於來到這裡，好像在做夢一樣，感覺很棒，但是也真的很苦。

休假去書店看書，沒錢吃餐廳，就只好去家樂福買一些快要過期的打折食材回來吃。每一個料理人都該體驗過這樣的生活，「在一個語言不通，充滿種族歧視，沒有錢，絕對高壓的廚房工作，所有種種的情況都對你不利，你還願意專注去做菜，那就是一種鍛鍊，是一種對精神和技術最好的鍛鍊。」

3

回歸

初聲怡

一張回台灣的單程機票

從空氣乾爽還享受著夏日陽光的澳洲登機，二〇一九年十月二十九日凌晨四點，Nobu拿著單程機票回到了台灣，下飛機時迎接他的，是與澳洲截然不同的空氣，天空還飄著雨，微微有點涼意。那一刻，他忍不住想：「一切又回到了原點啊……」這個心情中有著感慨，還有些始料未及，與又經變動後尚未撫平的不安定。

落地後，Nobu與太太回到三重的娘家，遇上三重的上班車潮，滿街的喇叭聲此起彼落，摩托車潮像波浪一般迎面而來，呼嘯而去。這一切與澳洲是那麼的不同，可是卻又那麼的熟悉。丟下行李，他們去吃了三重今大滷肉飯當作早餐，那熟悉的滷香與米甜一入口，便同時撫慰了異鄉遊子的心與胃，他對自己說：「OK！還是回來了！」

前一年才領導紐西蘭Clooney餐廳奪得三頂高帽，也就是相當於米其林三星榮譽，成為第一位台籍三帽主廚，Nobu於二〇一九年九月應邀回台客座晶華酒店，大獲好評，也因此結識了蘭餐廳的老闆劉宗原Frank。當時Clooney的老闆因為身體健康因素，決定收掉餐廳，Nobu考慮轉往斐濟或是澳洲發展，但經營蘭的Frank卻完全扭轉了他的計畫。

Nobu說，在晶華客座期間，拜訪了很多台灣的餐廳，發現餐飲環境跟自己八年前離開的時候，有了很大的不同。現在，台灣的消費者渴望到好餐廳用餐，接受挑戰，試圖理解並感受主廚的概念，主廚也因此有了更大的空間展現自己。於是，他同意與Frank約在蘭見面。Nobu說自己進去，第一眼看硬體，馬上就覺得是會成功的餐廳，無論是廚房的設備及面積，或是五十~六十人的座位與桌數，都是他得心應手的規模。與劉宗原深談之後，覺得他內斂而謹慎，對一間好餐廳的標準有想法、有概念，但不知何故，他總覺得劉宗原在交談中，莫名地試圖隱藏自己對餐飲的熱情。

劉宗原聽到這個形容，無奈地笑著說：「我不是在隱藏什麼，而是那時候，我對經營餐廳的熱情根本已經到了谷底。」他回憶在Nobu來之

前，他一直困在一個不知盡頭的瓶頸中，他覺得當時的蘭吃的是氣氛，開業兩年邀請八國主廚客座，雖然每次都能製造話題，但是客座太多，導致沒有自己的風格。尤其讓他深感危機的是，他發現連自己同溫層的回頭客都不多。

但是個性決定命運，劉宗原說，他總是在輕鬆與困難之間，選擇困難的那條路。雖然風格還沒有確立，但是生意仍是不惡，這怎麼就是谷底了呢？劉宗原強調，谷底是達不到自己訂下的標準，「我不知道蘭的風格是什麼，我不知道自己在做什麼。」

相對於劉宗原努力從自己的谷底往上爬，對Nobu來說，回台灣也是始料未及的轉折。他快速地回顧這八年歷程，八年前，他對台灣西餐市場徹底感到失望，二〇一二年寶艾西餐廳都改成以牛排海鮮為主，對他更是致命一擊，他深信在台灣永遠無法實現成為Fine Dining主廚的夢想，於是抱著永遠不再回台灣的心情，把所有的證件從戶口名簿到結婚證書，統統翻譯成英文帶著太太離開。出國八年，他先到墨爾本工作，再到雪梨發展，後期轉往郵輪歷練。在雪梨第二家餐廳做領班半年就升任主廚，但是覺得自己的風格不被接受，大感挫折。一度決定不做Fine Dining，跑去烤雞店上班，但才工作兩週就發現自己無法離開Fine Dining，在澳洲待了五年多，發現澳洲因為人力成本昂貴，房價高漲，人才流失等等因素，市場已經開始走下坡，在覺得到了極限的時候，他離開澳洲去了紐西蘭。

但情況也沒有立刻好轉，Nobu在決定接Clooney之前，前任主廚試圖告訴他這家餐廳的內情，但他不肯聽。去了之後才發現廚房只有四個人，每天都很悲情地工作，不但常常領不到薪水，食材常常無法進貨，因為之前積欠的貨款都沒有付給廠商。每天都要隨機應變。「當時我是一個打游擊的廚師，我沒有很好的資歷，所以我必須去選這樣的工作，承擔這樣的風險。」跟Frank面談時，Nobu也沒有問蘭之前的狀況，也沒向台灣的主廚朋友們打聽，就決定接下蘭的工作。

Frank回憶，Nobu答應之後，他問Nobu回台灣需要些什麼？Nobu帥氣回答：「只要一張單程機票。」到了第二天，Nobu打了一通電話過來，劉宗原以為他要反悔了，結果Nobu說：「其實我需要的是兩張機

整裝回台的Nobu與他一貨櫃心愛的球鞋。

票，昨天忘記我老婆了，她要跟我一起搬回來。」事實上，Nobu與劉宗原談好之後立即搭機返回紐西蘭，飛機降落時他打開手機，發現已經收到了Frank的合約。然後，他這才告訴老婆：「我們要回台灣了。」

餐廳裡的偏執狂

回台後花了一週時間安頓，之後Nobu便到蘭上班。馬上發現台灣的同事比較沒個性，也沒主見。他說：「我做空降的主廚很多次了，心裡有底，知道眼前這些人不會一直跟我走下去。」根據過往經驗，他必須大刀闊斧改革，到處放火逼迫，加快改變的速度，以達到他的要求。當時蘭有十多位員工，到現在只剩下一個內場還在。

跟著他一起出國又一起回台，一路相伴的太太蘇純慧Anita也同時加入蘭餐廳，擔任外場經理，支持Nobu對蘭的改革。夫妻檔一起打拚，聽起來很夢幻，執行起來卻相當現實。這次的合作，對兩人的關係造成很大的挑戰。

Anita與Nobu年少相識，二十七歲時，Anita是民生東路一家咖啡店的咖啡師，Nobu與Anita交往之後，讓他有了歸屬感。Nobu說，在認識太太之前，所有愛情都很不順利，女友不是不敢或不願帶他回家，就是帶回去見了家長後，受盡懷疑，認為廚師工作不穩定，環境不單純，吃喝嫖賭樣樣來。在Anita之前，他已經放棄了婚姻，對一個原生家庭關係複雜且疏遠的孩子來說，擁有一個完整的家庭，一直是Nobu的夢想。在Anita之前，他以為自己人生的這一部分，永遠都不可能再有機會了。

廚師工作給人不穩定的印象，多半來自於他們常換工作。問Nobu是不是有流浪癖？他誠實回答說：「有。」從小台日兩邊都不被接受的童年記憶，一直讓他對自我認同感到疑惑，也很模糊不解自己的根到底在哪裡？Anita接受他本來的樣貌，願意追隨他一起出國遊歷打拚，這一切都讓他覺得安心，並且有了歸屬感。而且Anita的父母樸實誠懇地接納他，讓他覺得踏實。

「我太太不簡單……沒有她，我今天還會是個亡命之徒。」想不到工作極為嚴謹的Nobu，以前完全是個不遵守交通規則的人，開著車想停哪裡就停哪裡，從來沒有顧慮，而且看到警察就跑，因為他根本沒有駕照。不繳罰單也不繳稅，離開W Hotel的時候，他領了一筆累積很久大約二十幾萬元的加班費，全部拿去繳了欠稅與罰款，因為Anita說：「不然不想跟你在一起。」

但是拿到單程機票返台之後，夫妻倆一起在蘭工作，彼此間的關係卻開始緊張。劉宗原說，一開始夫妻倆每天都手牽著手走進餐廳，後來開始不再牽手，再後來，甚至各走各的，不一起來，也不一起下班。他們在一旁看得都很擔心。

Nobu解釋，回來台灣接任蘭的主廚，他給自己很大的壓力。那不只是老闆劉宗原期待的改頭換面重塑風格而已，同時包括他的自我要求，以三帽主廚身分回來，他要收服的不只是客人的認同、老闆的期許，同時還要展現自我對食物的概念，依照他的標準，這個概念還必須做到不必言傳，不必說故事，客人入口食用便知，所以他必須掌控一切，從廚房到外場。Nobu承認自己對內外場要求都很高，殘酷而且超乎常理的苛刻。這一切對他來說都是目標取向，當他們達到要求時，他可以立刻放下情緒，轉向下一個目標，但是承受壓力或是被責備的人，包括太太Anita在內，卻無法立刻排解負面情緒。漸漸累積下來，朝夕相處的兩個人便開始了負面循環。

包括蘭在內，Nobu與Anita曾經共事過五次，經常選擇以主廚的身分處理磨合。Nobu說：「我是一個在工作上很偏執的人，我的標準一定要被執行與發生。」但是Anita很感性，經常會被他的要求刺傷。例如Nobu很在乎餐廳門面，從門框的亮度，到菜單架裡的菜單紙有沒有擺正，紙與架子上下的距離是否一樣。菜單紙是以黏土固定，但是手指按下黏土固定的時候，如果太用力，菜單紙的四個角會微微翹起，這點他也無法忍受。每天到餐廳他就從門口開始檢查，抓出各種沒有被充分執行的細節。擔任外場經理的太太便日復一日承受這樣的批評，累積越來越多的負面感受。

Anita不會當眾與他爭執，她會立刻去執行改進。但是回到家後就不講話。Nobu以一種幾乎不帶情緒的果決語氣說自己也不講話，他的原則是回家不討論公事，「因為沒有討論的空間！」他進一步解釋：「我是一個換過很多工作的人，所以我對工作很珍惜！」到蘭工作後，夫妻倆大吵過幾次，都是為了工作上的小事。回到家後，Anita會試圖解釋錯誤為什麼發生，但Nobu最後總是進入工作模式，以主廚身分對太太說：「其實解釋也沒有意義，我們應該討論的是如何避免，或是如何改進。」

二〇一九年十一月回台，夫妻倆開始在蘭共事，到隔年十月太太離職，緊張關係才終於得到緩解。事過境遷，Nobu說對他們而言，夫妻一起工作，是相互折磨的過程。理智上理解彼此工作內容是一回事，但實際狀況下能否堅持到底是另外一回事，他們試過合作五次，都以失敗告終，關鍵都在於Nobu進了廚房會完全變成另外一個人，出餐時尤其處在高度緊繃狀態，「我無法抽離，她無法跳脫。」維持夫妻良好互動的最好方法，還是不要一起工作。雖然每次Nobu有需要的時候，Anita還是會一次又一次先同意幫忙。

「主廚本來就是一個很孤單的工作。」因為沒有永遠的團隊，團隊中的每個人都有權利追求自我的實現，並且因此離開。孤獨感不難熬嗎？Nobu微微聳肩：「我是還好，我從小就習慣了。」

下定決心不生小孩

而這種對孤獨的習慣，甚至影響他對家庭成員組成的想法。Nobu說，因為自己原生家庭的關係，年輕時一直想要有個孩子，好好地照顧他。但這幾年越來越覺得是自己騙自己，「我的人生目標是做好Fine Dining，我的心理狀態、我的工作時間或是生活方式都不適合養孩子。」去年在蘭餐廳發生的幾件事，讓他切身感受到自己不再喜歡小孩了。

曾經有一個孩子在包廂中大喊大叫，音量大到在廚房都能聽到。他忍無可忍，走過去打開包廂的門，看著那個吵鬧的孩子，孩子的父母沒有道歉，孩子繼續吵鬧。當他關門轉身後，包廂外的所有客人都抬眼看他，其中一桌的客人撇撇嘴，對他聳了聳肩，Nobu說，當下他覺得因為自己一時的好意，同意小孩子入內用餐，但是卻完全搞砸了對其他十桌客人的接待。讓他深深懷疑這個決定是不是錯了。

再進一步思索自己對孩子的需求，他擔心想要一個孩子只是為了自己，卻沒有想過孩子的未來。

Nobu說：「我媽媽是小腦萎縮症患者，這個疾病大約有50%機率遺傳給下一代，然後我也會遺傳給我的孩子。」「這個世界改變得這麼激烈又快速，我都得很辛苦才能應變。把孩子帶到這種世界，是不是很不公平?!」

於是在Anita離開蘭大半年後，Nobu又跟她說，自己已經決定不要孩子了。這個決定當然對太太來說，是一個需要溝通與花時間消化的問題。他大約是在二〇二一年中告訴太太這個決定，二〇二二年過完農曆年的某一天，他與太太一起吃燒肉，當時他因為一些小事心情不爽，抱怨完後說，完全不希望孩子在這種世界長大。Anita停頓了幾秒後回答他：「我慢慢已經開始同意你的想法，但是還是會想有小孩。」然後問他：「你想討論嗎？」Nobu立刻轉移話題，「以免我過度認真地提供自己的意見。」

雖然聽起來無論在公私兩方面都這麼獨斷，但Nobu承認，過去所有交往的女友都比他年長，只有Anita比自己小，但卻是唯一能給他很多支持與包容的人。「很多的愛，這是我以前沒有感受過的。」最無條件的支持，「她能看到外人看不到的掙扎與為難。」

小孩子在餐廳帶給他的困擾，間接促使Nobu決定不生孩子，工作上則直接確定蘭這家餐廳不接受三歲以下孩童入內用餐。劉宗原笑著補充，但是小朋友學習餐桌禮儀，以及在餐桌上得到社會學習還是很重要的，加上自己的女兒已滿三歲，所以，三～七歲的小朋友是可以入內用餐的，只是會安排坐在包廂，以免打擾其他客人。

就像這樣的例子，現在的蘭，很多規定與風格，就是Nobu與Frank一起討論出來的。

千里馬與伯樂的磨合

Nobu做為一位主廚這麼強勢固執，但是出人意料的，他與Frank卻相處得十分愉快。其實在他回台接掌蘭以前，Frank在餐飲界的經營管理風格有不少傳聞。Nobu說他一開始就直接拿這些傳聞問Frank。

第一問：「聽說你會改菜？要求主廚照你的意見做菜？」Frank喊冤解釋，不是改菜，而是過去與多位外籍廚師合作時，會提醒台灣的飲食習慣與文化差異。

根據自己與Frank相處的經驗，Nobu說，出新菜前試菜，Frank的確會講自己的看法，因為他太了解蘭的客人，他的第一個判斷標準是「是否能夠打動蘭的客人？」其次他在乎的是「有沒有特色與個性？」但是Frank最後一定會說：「這是我的意見，你們再討論看看。」從來沒有要求過一定要照他說的辦。

Nobu 對 Frank 提出的第二問，是關於之前蘭邀請客座主廚的頻率。Nobu 希望一年只舉辦一場，當時因為邀請太多客座，頗感失去蘭自身特色的 Frank 正中下懷，一口答應。Nobu 再問 Frank，是不是頻繁地更換主廚？Frank逐一解釋過往主廚離職有的是進修深造，有的是客座結束，兩人逐漸開始相互理解與取得共識。Nobu 說，到蘭工作以來，他跟 Frank 沒有吵過架，從來沒有發生過爭執，甚至百分之九十九的時候，他們兩人的看法是一致的。他覺得那不是因為兩人天生相合，而是因為兩人的背景若合符節。兩人年齡相同，都是從小出國，早早獨立，個性上兩人都有遇到問題，願意思考學習的習慣。

不過即便是千里馬與伯樂，仍然是需要用心經營的。Nobu 說：他覺得台灣的廚師對餐廳的經營優先順序都弄錯了，「我經歷過很多失敗，我知道主廚的優先順序。第一個要搞定的是老闆的朋友。」就算老闆再喜歡你，欣賞你，只要他的朋友對你有疑問，他就會沒面子。尤其很多人自認為是美食家，還會把對前任主廚的印象套在現任主廚身上；更多的狀況是，台灣人習慣把中餐思維帶到西餐廳講評，例如所有的菜都要很

燙。這些來自老闆朋友的意見，如果不能適度地回應，就會讓老闆沒面子。所以他無論設計哪一季的菜單，冷前菜都只安排一道。但他堅持不能太常供應熱湯，因為在澳紐 Fine Dining 界，任何湯都會因為過於家常被視為隨便。

搞定老闆的朋友之後，才是搞定老闆。Nobu 承諾 Frank，他會讓餐廳賺錢，但是餐廳要有個性，就一定會有人喜歡，有人不喜歡，這些必須兩人一起承受。兩人對餐廳的個性特色有了共識，推出之後得到的那些「太貴」、「吃不懂」、「吃不飽」、「威靈頓牛排是唯一值得吃的」種種批評，就一起面對，決定改進或是承擔。

沒有客人，你只能吃土

Frank 回憶，Nobu 上班的第一天，逐桌了解客人喜歡哪些菜，又不喜歡哪些。這算迎合嗎？Frank 不覺得，他認為 Nobu 在乎的是客人，而不是炫耀自己的法國菜技藝。Nobu同意這個說法，他說自己很務實，他相信菜不是最重要的，客人開心才是。因為「不管你有幾頂高帽，沒有客人你只能吃土！」如果要讓客人開心，服務就很重要。例如他會親自上菜，但是在台灣不是每個人都對主廚上菜買單，有人曾經批評，主廚不在廚房做菜，卻跑出來端盤子。但他不是故意身段軟，而是從以前他就親自上菜，甚至很多菜是在桌邊完成。年少時曾經在亞都麗緻巴黎廳當過外場，Nobu也很在意蘭的外場儀態，從走路的步伐不能太重，要抬頭挺胸，托盤要置於胸口的位置，到上菜的手勢，都有一定的要求。

這一切都是為了讓客人覺得受到重視，覺得開心，他說，幾年後客人不會記得吃了什麼，但是他會記得在蘭用餐，食物美味而且很開心，與同桌的友人共同擁有美好的回憶。但這樣總體粗略的美好印象背後，卻必須包括一切隱而不見的細節。

舉例來說，Nobu最近在溫盤器中，加了幾盞酒精燈。要求盤子的溫度要達到服務生快不能手持的程度。為什麼呢？Nobu說，台灣客人太喜歡拍照了，旁觀等待，眼看著食物溫度漸漸下降，自己心中越來越焦慮，最後只能硬著頭皮前去提醒客人快點開動。Nobu說：「我知道我最在乎的是我的菜能否在最美味的時候，讓客人品嘗到。但我也同時知道，客人來餐廳，追求的是全方位的各種體驗，其中包括合影留念。」他不能剝奪客人這方面的樂趣，但為了讓客人能享用食物最好的狀態，食物本身烹調的溫度不能改變，只好從盤溫下功夫。

這種種對細節的追求，是Nobu與Frank共同認為一間Fine Dining餐廳的基本條件。

Frank強調，一間追求細節的餐廳，提供的是眼手能觸及的體驗挑戰，蘭經過幾次改裝，陸陸續續修改了不少細節。他們更改過燈光的投射，讓光打在餐桌上凸顯食物；雨天時客人進門先提供毛巾，即便是疫情時期，也是讓客人先擦乾雨水再測溫；孕婦入座不必詢問就提供靠枕；冬季外套在門口就提供掛放服務，這樣可以避免客人把外套掛在椅背上，各顏各色雜亂不堪；最與時下一般餐廳不同的是，蘭會因應客人之間的狀況，在不打擾客人的前提下，外場解說菜餚分長短兩種版本。

Nobu非常認同這個決定，現在台灣餐飲流行的「說故事」，他認為只是一個餐廳成長的過程而已，有的時候又是某種太過用力的炫技，這些都是粗糙而且不成熟的。廚師的技巧與技術，不應該被客人看到，而且該說故事的不應該是外場，而是料理本身。

舉例來說，他回到台灣時推出的台灣飛魚清湯，是接受了蘭的合約後，在紐西蘭時構思出來的。他以自己的日本血統背景發想，蘭嶼的飛魚乾完全可以像日本的柴魚乾一樣，做出umami旨味高湯。而蘭嶼是南島語族的一部分，南島語族北始台灣，南抵紐西蘭。蘭嶼的達悟人一千年前就開始遠渡重洋，就像他自己一樣，從台灣飄泊到紐西蘭。「但是我沒有拿出來跟客人說，因為很矯情。」「我自己去餐廳吃飯都不愛聽這些！」

這款飛魚高湯，同時也呈現出Nobu向他的人生歷程中，各地原生住民食材致敬的態度。同樣的心情下，他做過煙燻短鰭鰻，這是一種在澳紐之間洄游產卵的鰻魚，與他在澳紐之間奮鬥的歷程一樣；又如毛利文化

中，會把淡菜加入帶酸味的野草發酵，飲用流出來的發酵汁液，也啟發他的靈感，做了醋漬淡菜，曾被美食圈評論為當年最美味的淡菜料理。

人生的每一段過程，形塑了現在的Nobu，而他選擇把這一切都呈現在菜餚中。

在餐廳的每一件事，都是我的事

Nobu對自己在蘭的要求是：「在這裡做的每一道菜，都是自己的東西。絕對不會抄襲，有自己的風格與定位。」而所謂Nobu的風格，就是食物的組成必須簡單而不炫技。所謂簡單不炫技，是從內到外的一致要求。

以外觀來說，他喜歡食物自然的弧度與盤子是一致的，所以切割之後的魚，平的那面朝內。食物呈盤上，盡可能接近食材的原始樣貌，例如很受歡迎，連續幾季客人不讓下架的厚切花枝，切成四塊不是擺盤最好看的樣子，但是最容易食用，也最能呈現花枝厚實的口感。

就食物的內容來說，他偏好隨手可得的當季最好的食材，簡單直接的烹調，以及讓客人感受分量。這三個條件缺一不可，相互作用。Nobu厭恨碎片般的東西，每一道菜的風味組合得低於三種，風味要有厚度，從上桌的香氣，到經過咀嚼，唾液與食物混合產生的變化，以及吞嚥後的鼻後嗅覺，也就是後味，全部都要考慮在內。要做到這些，就必須追求食材原味發揮的最大化，所以必須是容易取得的充足的當季食材，而且選用其中最高的品質。另外還必須提供足夠的分量，一定程度的分量才能夠保障足夠的風味呈現，Nobu說，他希望不再有人抱怨法國菜吃不飽。

接下來，這才終於進展到一個成功主廚的第三優先順序：「搞定客人！」Nobu強調，而且是第一波客人，那些看到新聞報導或是美食評論而來的客人。他在蘭推出的第一套菜單，相對保守。有溫度的食物多一點，例如清湯。另外，台灣人喜歡海鮮，而且認為海鮮是高檔的代表，加上台灣海鮮品質還不錯，所以提供較多的海鮮料理。第二套開始摸索台灣人的接受度，不過消費者總是能讓他有全新的學習，他以為挑戰度最高的羊肉塔塔，客人毫無異議地接受了，反而是胡蘿蔔，似乎還是很難突破。

在這樣的前提下，Nobu定義一個好的廚師是每天出餐前都要自問：「這是不是真實的食物？是不是真實的料理？是否是我喜歡的味道？是

否更方便食用？」每天都反覆地檢討自己真的「會做菜」嗎？那麼如何定義「會做菜」呢？Nobu回答：「我的自我要求是精通。」長於運用家常食材，創造出不同風味的他認為，精通除了表現並提升食材的原始風味外，同時也意味著手法與取材的謹慎。例如他很小心地使用香料，萬不能使香料喧賓奪主；也非常少量地使用奶油，奶油容易掩蓋食材原味，雖然食用時香氣使人滿足，但是過後卻有空虛感。

再進一步具體說明什麼是精通，Nobu舉例，刀工是法菜的基本要求，刀功之外，對於火候也要能充分掌控。西餐通常只用中小火，為的是能夠帶出不同的層次。精通火候的廚師，能從腦袋中伸出小觸手，想像連結到火與熱對食物造成的影響與改變，要能看到食材出水及出油，能聽到食材與油的混合，能觀察到煙的變化，以及肉在煎台膨脹的程度。

同時，精通也表現在蘭的酒單中。Nobu與Frank同時強調這一點。Nobu說，酒很重要，在蘭，試菜選酒要花費三～四週。對不喝酒的客人，也提供可與當季食物搭配的發酵果汁（康普茶），因為飲料是一道菜的延伸。Frank則補充，例如食用海鮮的時候，酒中的酸性可以增加旨味。吃生蠔時的礦物質風味不一定從食物上取得，也可以透過酒。法餐是濃縮再濃縮的技法，在不搭配酒的情況下，有些客人會覺得味道偏重，但其實不是食物太鹹，而是缺少了酒的搭配。目前在蘭的開瓶率大約是六～七成，經常晚上可以達到100％開瓶，這也讓他們更重視酒的搭配。

那麼這樣是否就真的精通了？Nobu搖搖頭說：「不是。」他認為優秀的Fine Dining主廚心態很重要，要能覺得「在餐廳的每一件事，都是我的事。每一個錯，都是我的錯。」要在乎客人的需求，也要能有成本概念，包括員工餐在內。

以前在澳洲過慣苦日子的Nobu，面對任何設備損壞，都先學著自己修。他修過冰箱，修過水管，也修過液態氮設備。他在澳洲養成一個習慣，每天有一個表格記錄廚房每一台冰箱的溫度。因為在澳洲如果客人吃了貝類腹瀉，是很嚴重的事，有冰箱溫度紀錄，可以讓客人追尋腹瀉原因時釋疑。這個習慣也帶到蘭，他每天檢查兩次冰箱溫度，一次是早上進廚房時，另一次是晚餐開始作業前，因為這是理論上冰箱溫度最低

的時候。例如應該保持在攝氏四度的冰箱，如果升溫到六度，立刻要處理、搬移食材，馬上找廠商。同樣在蘭餐廳中，清潔表單也很重要。Frank 進餐廳會親自檢查，如果當天有事不進餐廳，會要求員工拍照錄影每一個表單項目，寄給他檢查。

最令我訝異的是，Nobu 幾乎每天都會把整套餐全部吃一輪，是真的全部吃下去，午晚餐各一次。他說這是他自己的決定，一開始他跟其他大廚一樣，只試元素，但是後來發現只吃一匙不夠，必須吃整道菜，後來又覺得必須吃完整套料理。前年夏天推出的甲魚湯，一直有客人覺得味道重，他試過調淡，也研究是否改變出菜順序，後來自己吃過幾次全套料理後發現，需要調整的不是鹹味減淡，而是濃度調稀。客人無法明確表達的「味道重」，裡面包括了太多因素。從此讓他養成每天整套試菜，藉此微調的習慣，然後吃完自己扎針檢查血糖。

這樣全面的勤奮與努力，讓 Nobu 一回台就大獲好評，二〇二〇年底，Frank 決定餐廳改名，冠上 Nobu 的名字，成為 Orchid by Nobu Lee。雖然 Nobu 謙虛認為這還不能叫作成功，只是調整到足以與其他餐廳競爭，只是剛剛起步定義了「高朋滿座」這個標準。但他也承認，回到台灣讓他覺得「活得更像我自己」，做菜也更貼近自己，更游刃有餘。不過，就在Nobu與Frank才剛剛為蘭找出全新定位，並且獲得客人的肯定與讚賞後，卻遭遇了意想不到的挑戰，那便是新冠疫情。

用叉燒便當迎戰疫情

Nobu二〇一九年底回台，才過了幾個月就碰上二〇二〇年第一波疫情，當時他心想：「Shit！怎麼每次在台灣都遇上這種事？」他遇過鮭魚皮有重金屬殘留的爭議，遇上過口蹄疫、狂牛症及禽流感。然後成名後回台，才剛剛抓清楚蘭的定位，得到消費者的喜愛，就又遇上新冠疫情。

兩年多的新冠疫情起伏，尤其二〇二一年五月台灣實施三級警戒，禁止內用期間，對餐飲業造成重大打擊，蘭也不得不緊急應變。鑑於前一年外賣炸雞餡餅效果不佳，二〇二〇年Nobu抱著覺悟的心情，重新設計外賣菜單。以家庭餐為概念，加上當時因為Frank緊鑼密鼓籌備朧粵餐廳，蘭的外賣餐就以港式黑叉燒便當、焗豬排便當為主軸，由朧粵主廚，也就是連續六年在上海拿到米其林二星的簡捷明主廚提供食譜，Nobu開始了他始料未及的叉燒生涯。

提及這段經驗，Nobu深深從胸腔中嘆口氣，顯然到現在還無法完全消化吸收。他說，西餐廚房從設備開始就無法滿足中餐的需求，他們不但得向認識的中餐廳借中華炒鍋，還每天連夜消毒清洗水槽，好應付叉燒的醃漬。Nobu以一種描述惡夢般的語氣說，每天走進廚房，看到的是臨時增添的五花八門的各種食材醬料，聞到的是不同於以往的咖哩與叉燒與油雞各種味道，原本低調奢華的用餐區域堆滿了各式各樣的外帶紙盒，很多原本在蘭工作的夥伴，面對與自己期望不同的工作環境，很容易就決定放棄，選擇離開，人力的流失又對完成工作目標造成很大的壓力。

對他自己來說，更大的挑戰是從西餐的視角去學習中餐。兩者看待食材的角度不同，處理的方式與概念也有很大的差別。舉例來說，做中菜五花肉要跑水，但是西餐的蛋白質則盡量不碰水，就算碰水清洗時間也越短越好；又比如說，中餐廳會有水族箱養著活魚，強調現殺，但西餐認為現殺的魚肉有僵直現象，即便是日本料理的生魚片，也需要熟成。於是他開始找答案，為什麼現殺的魚在中餐中是被推崇的？然後他發現，中菜強調的是烹調的技術手法與調味，同樣一條魚，因應不同地方的條件與喜好，會出現清蒸、紅燒或是燒烤各種手法，粵菜的調味就會與江浙菜或是川湘菜不同，調味決定風味，所以沒有西餐或是日本料理的那些顧慮。

但是調味料又與他的作業習慣很是不同，Nobu說中餐裡調味料有各式各樣的半成品，菜餚的完成，強調的是各種調味料的組合、比例與品牌。但是西餐主廚的訓練通常要求盡量從原型食材開始自製，例如顏色來自於番紅花，或是發酵鮮鹹風味來自於鯷魚。於是他只能試著以西餐手法例如油封或是飽和鹽水等技巧取代，又或是在做焗豬排飯時，不放味精，改以各種蔬菜高湯去熬。

對從小在日本長大，從事餐飲又以西餐為主的Nobu來說，西餐與日料都追求食材原味的提升，是他習慣並且受過長期嚴格訓練的，所以他的料理可以很自然地呈現出和洋風格的融合，並且因此深受推崇。但是中餐卻是他出國工作之後，才開始慢慢回溯學習的。因為疫情而來的這一波與中餐的接觸，讓他更清楚自己要做什麼，不要什麼。更認識自己，也更珍惜可以做自己喜愛的料理的機會。

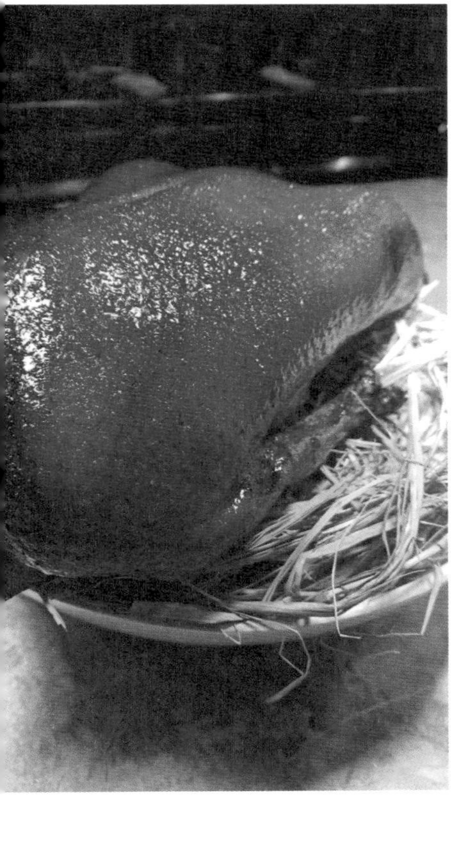

但話雖如此，二〇二一的三級警戒熬過之後，Nobu完全沒有得到解放的感覺，反而繼續抱持著高度警覺。他說，任何時候，只要疫情再升溫，他會二話不說，馬上開始清洗消毒水槽，打電話借中華炒鍋，同時立刻把叉燒醬及蠔油訂個五十箱回來，準備開始做黑叉燒便當，因為「生存最重要！」

新冠疫情期間，Frank曾向Nobu道謝說：「謝謝你救了我。」但Nobu回答：「不，是我謝謝你救了我，因為澳洲幾乎所有的餐廳都倒了。」Nobu這種面對現實的態度，完全來自於在國外歷練時受的苦。他每次回憶在澳洲的時光，都忍不住說：「怎麼回想，苦日子都占了八成以上。」尤其，這段苦日子裡的回憶中，還包括著二〇二〇痛失的摯友。

如果 Lee 在就好了

二〇二二年一月，Nobu Lee與高雄Marc L3餐廳主廚Marc Liao在台北舉辦了一場六手聯彈餐會。兩位主廚六手聯彈，缺席的是Nobu與Marc的共同好友李家成Chia Chen Lee。Marc L3的L三次方，就是源自於三人的姓氏首字母。

Nobu回台兩年多的時間中，經常聽到他提到Lee。他主掌蘭之後，臉書每一篇發文，除了tag蘭的老闆Frank與他的副主廚Er Sun Peng余孫鵬之外，一定會加上Chia Chen Lee。因應疫情推出的咖哩配方，是在海外打拚時，Lee做給他們吃的口述傳授給他的獨門配方，這次為了籌備六手聯彈的紀念餐會，各種回憶沖刷著Nobu，時常讓他覺得喘不過氣來。有次走在忠孝東路二一六巷，憶及過往，心緒情感波動太大，讓他不得不在一家咖啡廳的牆邊蹲了下來，抵靠著牆喘息。「Lee的能力不比我差，他總是埋頭苦幹，從不多說什麼，但是卻一直沒有被看到，這太不公平！」

Lee因為紅斑性狼瘡在二〇二〇年二月離世。他與Nobu在台灣侯布雄共事時，Nobu第一次看到他發病，連續工作一段時間後，他對Nobu說自己好像很久沒有排尿了，送去醫院果然發炎住院。但當時他們都年輕，以為總能熬過去。在澳洲工作時，聖誕節檔期太忙，Lee總是當完自己的班後，留下來幫忙分攤下一班的工作，然後幾乎沒有休息就趕著隔天自己份內的工作。當時從台灣帶去的紅斑性狼瘡藥物吃完了，也是等到聖誕檔期忙完，才有空回台灣就醫拿藥。Nobu回到台灣接掌蘭之後，曾經詢問他是否也要搬回台灣，畢竟紅斑性狼瘡是亞洲人的疾病，在澳洲的治療經驗不多。但是Lee又為了與妻子相守，不甘心就這麼回台灣，選擇留在澳洲養病。當時Nobu問他：「你知道這可能會有的後果嗎？」Lee回答：「知道！」

Nobu回到台灣後，投入蘭的改革，爭取成功，Lee的病情卻開始惡化，病情加重時，他曾與Nobu通過電話，表示考慮回台灣，但是卻不知道在沒有工作的情況下，回台灣怎麼生活？Nobu極力保證：「不必擔心！我跟Marc會全力支持你，我可以負責接送你到馬偕看病！」

就在Lee還在猶豫不決的時候，病情卻急速惡化。那是二〇二〇年的二月，Nobu回台灣的第三個月，台灣的疫情剛起，蘭也剛推出新的菜單，準備向台灣的消費者推薦更Nobu風格的餐飲。他接到Lee的太太電話，說Lee進了加護病房。Nobu立刻向老闆Frank請假，與Marc買了機票，各自從台北與高雄飛往澳洲。到了澳洲，Lee已經幾度陷入昏迷，醒過來幾次卻無法言語，Nobu說自己心裡做好最壞打算，但是嘴裡還是拚命地鼓勵好友，不停地對Lee說：「你在醫院吃這什麼鬼東西？」又說：「等你出院，我馬上帶你回台灣！」私下Nobu詢問醫生，醫生說Lee的腎臟已經完全失去功能，他不能保證康復。

在澳洲過了兩晚，Nobu必須離開，返台後聽到Lee的狀況略有穩定，從加護病房移出轉往一般病房，才覺得稍微鬆了口氣。但其實這只是暫時維持了生命體徵的穩定，Lee的病情已經相當不樂觀。Nobu聽Lee的母親轉述Lee生命中最後的這段時光，Lee對母親說不想死在澳洲，死也要死在台灣。母親鼓勵他快點好起來才能回台，但是他從此不願意說話，只一味地盯著人看，聽著各種聲音與話語，再不發一言。

病情繼續惡化，Lee再住進加護病房，生命跡象越來越微弱，在家屬的同意下，醫生慢慢移除各種維生儀器，Lee心跳慢慢降低，但是又突然回復正常猛烈跳動，就這樣反反覆覆持續了五、六個小時，母親與太太不停地對他說「放下吧！」「不要再撐了……」Lee才慢慢離開人間。

「我媽過世我都沒有這麼難過！」訪談Nobu多次，第一次見到他哽咽。「我對媽媽有很多不諒解，但是這些不諒解無法解決，甚至無法討論。」但是Lee不一樣，Nobu說他與Lee很早以前就開始一起努力，在民生東路的伊利咖啡，他們是前後任廚師，後來又在侯布雄、STAY及W Hotel等多處餐廳共事，兩人對法餐有很多夢想。每一次都是Nobu先衝，例如Nobu先到台北光點附近的穀倉法炊，Lee接著去當他的副手，這也是兩人第一次真正的共事。後來Nobu去了W Hotel，再找他一起共事，Nobu再去STAY，Lee一開始沒有立刻跟進，為了在W Hotel累積加班費，存錢去法國進修。後來為了增加實際工作經驗，再跟進進入STAY。最後兩個人一起離開STAY，Nobu去香港工作，Lee則準備出發前往法國讀廚藝學校。

Nobu在香港，因為工作簽證還沒有發下，被檢舉是黑工，因此遭逮捕入獄三週。他出獄的那天，打電話到法國找Lee，問他一切順利嗎？Lee說：「不順利，我學費忘記帶了。」然後反問Nobu一切都好嗎？Nobu說：「不好，我剛剛關了三個星期出來。」

「我們對事情的感受接近，工作的經驗接近，他是我從小到大最親近的人。」

「我是一個敢衝的人，但是Lee跟我個性不同。」Nobu說，Lee在料理上的學識技術都與自己不相上下，他吃過的餐廳比Nobu還多，但是「際遇沒有我好」。Nobu覺得自己比較敢爭取，敢表達，到了澳洲很快就當上主廚。但是Lee卻覺得只要自己有實力，會被看到也會被提拔。但是在西方，自己不開口，根本不會有人管你，你吃苦耐勞，他就當你應該或是自願這麼做。「即便到了現在，有時候我遇到困擾或是我在想菜時，常會覺得如果Lee在就好了。」

生父的秘密

回到台灣，四十歲的Nobu在蘭獲得了肯定，但是失去了摯友；下定決心不生孩子；遇上了新冠肺炎疫情；同時也終於知道自己的親生父親是誰。

Nobu說二〇二一年他才剛剛回到台灣沒多久，因為媒體報導，漸漸開始有了名聲。某天晚上九點多，外場通知他，有一位自稱母親舊識的人在門口等他。當時他心裡第一個念頭是：「Shit！是哪個前女友的媽媽？」忐忑出去一見，原來是以前媽媽的好朋友。這位母親舊識對小時候的Nobu來說，是極少數的正面力量。她有正常的家庭，而且很照顧Nobu。Nobu的母親曾經狂熱於宗教信仰，他讀仁愛小學時，母親有天突然跑去學校幫他辦休學，準備帶他到關島的山中修行。在這樣的不安與波動中，這位母親舊識對Nobu來說，像抓牢他的錨一般，讓他免於失根。

他與母親舊識重拾往來之後，Nobu提出了自己對生父的疑問。他懷疑自己從小叫爸爸的那位男子不是生父很久了，在小時候，母親總是把養父的錢交給當時的任何一個男友投資，他表示反對，說要跟爸爸說，媽媽卻回他：「反正他也不是你爸爸，你去說，他就不會再給你生活費！」范阿姨證實了這件事，告訴他，他的生父也是日本人，黑道出身，而且向他的媽媽表明了就算把Nobu生下來，他也不會負起扶養的責任。

Nobu的中文名字李信男是跟著母親的姓，但是媽媽其實是吳姓家的孩子過繼給李家。李這個姓，跟Nobu完全沒有血緣關係。他叫了一輩子的「多桑」，在母親過世後，終於得到證實並非生父，而真正的生父在他還沒有生下來前，就表明不會接納他。Nobu說，二〇一五年他與太太從雪梨到上海出差，工作結束後順道休假去東京大阪玩，臨時起意轉往名古屋，小時候每年與養父見面的地方。他紅了眼眶，數度嚥下哽在喉頭的嗚咽：「我一到名古屋車站就哭了，跟我小時候一模一樣。」「連地下街我一邊看漫畫，一邊等總是遲到的爸爸的那家店都還在！」他帶著太太去找爸爸帶他去吃螃蟹的店，吃了跟當年一模一樣的味道，

「如果我可以，我願意付出一切，讓名古屋車站一百年都不改變。」

Nobu的孤獨感很深，新的朋友都無法深交，除了Lee、太太與Marc之外，他沒有其他的朋友。休假的時候他也是獨自一人。他說了一個故事，很多年前，他在一家位於天母的餐廳工作，當時的主廚被女友逼著算命看適不適合結婚，主廚與他都鐵齒，於是拿了Nobu的農曆生日去算命。算命先生批命道：「這是一個無根的人，與父母無緣，小時候很長時間在國外，以後也是孤獨終老。」算命先生又對那位主廚說：「但是你不要擔心，因為這個人不是你。」

這樣的Nobu，把一切寄託在工作上，著實不令人意外。

Nobu說，他與Lee年輕時知道有米其林評鑑開始，兩個人的願望便是在星級餐廳工作。現在他要連Lee的份一起努力。主廚這種體力與壓力都高度消耗的行業，「我已經三十九歲了，最多再做十年。」走了一大圈回到台灣，「現在有能力，有力氣，還有人願意支持我們實踐，但是朋友卻不在了。」

米其林是一個指標，對現在的Nobu來說，這個指標回到台灣前在紐西蘭拿下三頂高帽，有著更多不同的意義。尤其其中包含著與朋友的共同理想。

照耀生命的星光

蘭的隔音效果很好，坐在餐廳中用餐，透過廚房的大片玻璃，只會看到許多忙碌的身影。但有時候在餐期尾端，其他客人都用餐完畢離去之後，廚房的自動門開闔的那片刻，會聽到Nobu的聲音。每次聽到將視線轉過去，都會看到他面無表情，但是聲若洪鐘地質問犯錯的同事。對於這一面被客人窺見，Nobu很坦然。他說：「我用情緒，也用理智管理。」責罵是管理的一種方式，廚房裡的年輕人，來自各種不同的社會階層與環境，雜牌軍如何能做好Fine Dining？靠的就是紀律，「有紀律才能作戰。」Nobu強調。只有紀律才能一個晚上出七百～八百盤菜而不出錯，而維持紀律的技巧就是恐懼與警覺。餐廳工時很長，人難免有精神不好的時候，恐懼與警覺提振的是整間餐廳工作人員，包括他自己在內。「我沒有見過主廚和顏悅色，餐廳卻能管理成功的。」「所以，在談詩意與技巧之前，讓我們先有紀律吧！」

兩年前問 Nobu 在不在乎拿星？他說他跟 Frank 唯一一次討論到米其林摘星，只是為了「這樣會不會比較好找人？」但是現在再問一次，Nobu 會明確地說：「這件事在 Lee 走了之後，意義已經不同了。」

因為對他來說，摘星是為了親如兄弟的多年摯友 Lee，為 Lee 的壯志未酬向老天討一個公道，也是給在蘭與他共事的團隊一個交代。「年輕人每天工作這麼努力，工時這麼長，還經常捱罵，把未來交到我的手上，難道只是為了幾萬元的薪水嗎？」

「我對身邊的人有各種的對不起。」對太太、對同事都是，Nobu 自認對他們很殘忍，要求極多，而且標準是超乎常理的苛刻。他把全副的心思都放在事業上，不顧太太的期望，表明不想生養孩子；對同事每天長達十五個小時的push，讓他們承受極大的壓力。

這一切的犧牲與付出，他要拿回來的代價，顯然不只是米其林的星。

至少現階段的目標如此。

Nobu Lee的料理哲學。

對我而言，Fine Dining在於傳達我的哲學卻不張揚技術，不開口說話就能表達自我。

食物是季節之美，來自於大自然、土地、人、歷史、物產和文化的賜與。

我的烹飪遵循著季節變化的韻律，採用品質務求其優的在地物產，展現它們的多樣性。我以當代技術和觀點來烹調，林林總總皆在體現進展，有其用意。

對於提供精緻餐點與個人化服務，傳達知識和故事，我懷抱著強烈的信念。

談到菜單，每一項元素從刀工、烹煮到調味的選擇，都經過解析，以保持其各自的完整性並凸顯風味。

食材必須以崇高的敬意，好好地料理。白蘿蔔也好，最上乘的松露或頂級和牛也好，我一視同仁，悉心處理。

我在台北出生，東京長大，年幼時便折服於美食。

十七歲，我在紐西蘭從洗碗工做起，展開我的職業生涯，自此永不回頭。

我在亞洲和紐澳地區的頂尖餐廳及飯店經歷十年的歷練，二〇〇九年前往巴黎，為大廚 Joël Robuchon 工作，從最底層做起，一切從頭來過。巴黎的時光為我開啟一扇大門，讓我得以見識全新高度的烹飪。

六個月後，我成為餐廳在台北開業的開幕團隊一員，晉升為副主廚。

二〇一一年，我擔任台北 STAY 餐廳的開業副主廚，度過充實的一年。這一年為我注入新血，提振了我對古典法式廚藝的認識。此一機會不但令我得以追溯自己的烹飪背景根源何在，且促使我改變方向，讓我重新一步步思考自身烹飪哲學的未來展望。

抵達澳洲墨爾本後，我一步一腳印，在Vue de monde工作了一年，之後又在雪梨Marque餐廳擔任了兩年半的主廚。任職於Marque的這段期間，我的烹飪技術獲得精進，對食物也有了新的想像。我學習到如何將斧鑿的痕跡減至最少，將各種食材在唇齒間的風味發揮到淋漓盡致。我同時了解到，要在平凡中找尋不平凡，每一樣廉宜的食材都有權利在餐盤上占有一席之地。

二〇一六年，在Marque餐廳休業後不久，我返回Vue de monde擔任主廚。我得在三個廚房，管理由四十二位不同國籍的廚師組成的團隊，這需要紀律、標準以及連貫性。如此人才濟濟的團隊在廚房工作時，非常專注，步調也非常迅速。我在管理專門供應精緻烹飪的旗艦餐廳的同時，也負責監督宴會廚房和中央廚房。掌管三個廚房所需要的思維、技能和心態各自不同，我領會到廚房的管理與培育下一世代的年輕廚師有多麼重要，開始訓練自己成為能夠同時管理多個廚房的行政主廚。

在澳洲工作了五年後，我重返紐西蘭，接手位於奧克蘭的Clooney餐廳，這令我好不激動。我的職業生涯始於在紐西蘭當洗碗工，而現在我有機會為這個國家貢獻心力，並得以傳承我的經驗。我使用100％紐西蘭本土的物產，以強調並重新確認當代紐西蘭菜的身分與面貌。在Clooney餐廳，我培養出對簡單、純粹和專注的理解與欣賞，這逐漸形成我的烹飪哲學。

在奧克蘭度過成果豐碩的兩年後，台北召喚我回家。

我在台北晶華酒店的客座主廚活動中，結識劉宗原先生。透過幾番交談，我們發現彼此有著共同的價值觀且都熱愛餐飲業。我覺得時候到了，我該回家，在我出生的國家掌廚；人生轉了一圈，漸漸回到原點，圓滿了。來到蘭餐廳後，我不斷致力創造新菜色，它們不但能夠充分展現來自本地農夫的當令食材，結合我歷來所學所知，而且在烹調時皆懷抱著最崇高的敬意與關愛，無微不至地處理每個細節。品嘗套餐中的每一道菜，都有我們想要凸顯與強調的某一種主要食材，每一道都與其前後菜色相互呼應，共同成就出一套美好且詩意盎然的菜單。我們相信每一項食材在餐盤上都有自己的意義，所以盡量不用花卉與盤飾來點綴菜色。我們尊重食材原本的外觀和味道，並用最合乎自然且令人舒服自在的方式來擺盤。

美饌自當有佳釀相伴。我和侍酒師密切合作，創作一份能映襯套餐的酒單。

酒單中特別列有小農釀製的葡萄酒，他們跟我們一樣，亦重質不重量。我們有果汁／茶／康普茶的飲單，在我們看來，每一杯搭餐的飲品都是一道菜的延伸，為食物增添了不同的面向和複雜度，創造出難忘且樂趣十足的用餐體驗。

這麼多年以來，我專注學習新的廚技和知識，要求品質，追求完美。我體認到，要成就一家卓越的餐廳，食物占有其中一部分。在我的信念中，完整的用餐體驗以及提供給顧客的服務，和餐點一樣重要。我訓練自己成為全方位的餐飲專業人士，而不單只是廚師而已。

從我們與顧客互動的第一刻起，到目送他們搭著計程車離開的最後一刻，我都懷抱著極大的熱忱，盡力提供最好的用餐體驗。我為我們能夠提供溫暖、專業且與餐點同樣高水準的服務，感到自豪。

and mentalities. I started to develop myself to become a multi-venue executive chef, seeing the importance of kitchen management and mentoring young chef of next generation.

Returning to New Zealand after 5 years in Australia and took the reign at Clooney restaurant in Auckland was emotional. It gave me an opportunity to contribute to the country where I had started as dish washer and be able to inherited my experience. I use 100% New Zealand only produces to emphasize and re-identify the contemporary New Zealand cuisine. At Clooney I developed the appreciation to simplicity, purity and focusness, and this has continued to take shape and become my culinary philosophy.

After two fruitful years in Auckland, Taipei is calling me home.

Through a guest chef event at Regent hotel Taipei I got to know Mr Frank Liu, after some conversations we realized we shared common value and deeply in love with restaurant business. I felt it was time to come home and cook in the country where I was born, life is coming in full circle. On my arrival at orchid restaurant I continued to create dishes not only showcasing the seasonal ingredients from local farmers, but also incorporated my heritage and cooking it with ultimate respect, cares and full attention to details. In each dish on the degustation menu there is a main ingredient we would like to highlight and focus, every course has a strong link to the course before and after, this composed a beautiful poetic menu. We minimized the uses of flowers and garnishes because we believe every ingredient has a meaning on the plate. We respect the nature of how ingredient look and taste like, and present it with a most natural and comfortable way.

Wine and food are nature companions. Our sommelier works very closely with myself to create a wine list that has emphasize on style that compliments the menu.

The list features wines from small producers who, like us, are concern about quality over quantity. On our juice/ tea/ kombucha program we look at each glass as an extension of the dish it pairs with. It adds different dimension and complexity to the food and creating an unforgettable and fun dining experience.

Throughout all these years focusing on learning new culinary technique and knowledge, stressing for quality and perfection, I realized food is only a part of what makes a great restaurant. I believe a complete restaurant experience and how we serve our guest is as important as the cuisine. From there I develop myself as a all rounded hospitality professional, and not just a chef.

I have burning passion of providing a great dining experience, from the first moment we interact with guest, to the last moment to say goodbye and seeing their cab disappearing into the night, it take great pride in giving a warm and professional service that align with our cuisine.

Cooking Philosophy of Nobu Lee

Fine Dining is about how I show my philosophy without showing the technique and express myself without talking.

Food is the beauty of what seasons has to offer from our mother nature, the land, the people, the history, the produces and the culture.

My cooking follows the rhythm of seasons, utilized the regional produces in the highest possible quality and showcase their diversity. I cook with contemporary technique and vision that embody progression and purpose. Strong believer of serving fine food and provide personable service that imparts knowledge and telling stories.

When it comes to menu, every parts of ingredients are analysed from the way its been cut, cook and season to preserve its integrity and highlight the flavor.

The products must be handles with the most respect and care, I handle and think about a daikon radish as I would for finest truffle or best wagyu beef.

I was born in Taipei, raise in Tokyo and was amazed by good food at a very young age.

Commencing my career as a dish washer at the age of 17 in New Zealand, I had never looked back.

After a decade of training in top restaurants and hotels in Asia and Australasia, I headed to Paris in 2009 to work for chef Joel Robuchon. Started all over again at the very button of the rank. Times I spent in Paris opens the door for me to the whole new level of cooking. 6 months later I was promoted to sous chef and was responsible as part of the opening team in Taipei.

A solid year stint at STAY Taipei as opening junior sous chef re-energized my knowledge of classical French culinary technique. This opportunity not only allowed me to retrace the root of my culinary background, it also re-directed me to rethink further about what would be the future of my cooking philosophy.

Upon arrival in Melbourne Australia, I took a baby step to work for Vue de monde for one year, followed by two and half years as head chef at Marque restaurant in Sydney. During my days at Marque I spent time refining how I cook and reimagine about food. Learning how to minimize the technique, to maximize the flavor of each unique ingredient on the palate. I also learn how to look at the ordinary for extraordinary. Every humble ingredients has its own right on the plate.

I returned to Vue de monde as head chef in 2016 shortly after the closure of Marque restaurant. To manage a brigade of 42 chefs with different nationalities in three busy kitchen required discipline, standard and consistency. With such brigade of talent the level of cooking was very focused and accelerated. While running the flagship Fine Dining venue I was also overseeing the event's kitchen and the production kitchen. All three kitchen required different mindset, skillset

食譜 一 蘭味。

李氏咖哩

[材料1] 1kg 去皮切丁青蘋果 / 1kg去皮切丁水梨 / 600g去皮切丁奇異果 / 1kg洋蔥丁 / 1kg紅蘿蔔丁 / 100g切丁無鹽奶油 / 65g薑丁

Step 1 將所有食材放入鍋中，以中小火慢火加熱烹煮，直到食材水分蒸發並呈金黃色。

[材料2] 4.5 L 水 / 2片月桂葉 / 2片咖哩葉

Step 2 加水、月桂葉、咖哩葉煮至滾沸，轉中火，在微滾的狀態下煮30分鐘。

Step 3 將整鍋倒入食物調理機中打碎至稠滑狀態。

[材料3] 650g鮮奶油 / 650g牛奶 / 200g蜂蜜 / 200g醬油 / 200g清酒 / 3片帶籽乾辣椒 / 50g日本米醋 / 135g 黑巧克力 / 1顆搗碎肉荳蔻 / 1.5g肉桂粉 / 2g丁香 / 10g印度咖哩粉 / 300g海鹽 / 15小杯濃縮咖啡 / 2.5盒日式咖哩塊

Step 4 將上述處理過的材料移回鍋爐上，再加入上述材料3的食材，並以中小火慢煮1小時，期間須不停攪拌避免燒焦。

Step 5 完成後，將咖哩淋在飯上，搭配日式醃蘿蔔、嫩薑及炸蔥酥。也可加上厚切炸豬排或炸蝦，再加上蛋碎，美味升級。

1
2
3
4
5
6
7
8
9

干貝慕斯

干貝清湯
[材料]

2500ml水 / 2片昆布 / 30g乾香菇 / 100g瑤柱 / 25g柴魚片 / 200g白醬油

Step 1 將昆布、瑤柱、乾香菇放入水中，煮至滾沸，接著轉至中小火續煮1小時。

Step 2 再次將湯鍋溫度調高加熱，但不致滾沸的狀態，接著續入柴魚片後立即關火。

Step 3 將高湯過濾，最後以白醬油調味，即成干貝清湯。

干貝慕斯
[材料]

200g 新鮮干貝 / 250g鮮奶油 / 40g蛋清 / 5g海鹽

Step 1 將干貝放入食物調理機中打碎至質地綿滑的泥狀，接著再加入蛋清、鮮奶油與海鹽一同攪拌均勻。

Step 2 將模型內層先刷上薄薄的一層油，再將混合均勻的干貝慕斯取出並放入擠花袋中，接著入模。

Step 3 入模後放入蒸箱，以中高溫蒸製13～15分鐘。

Step 4 蒸製完成後，將定型的干貝慕斯取出盛盤，並在慕斯上放上生食級的干貝丁。

Step 5 最後淋上前述的干貝清湯，即可上桌。

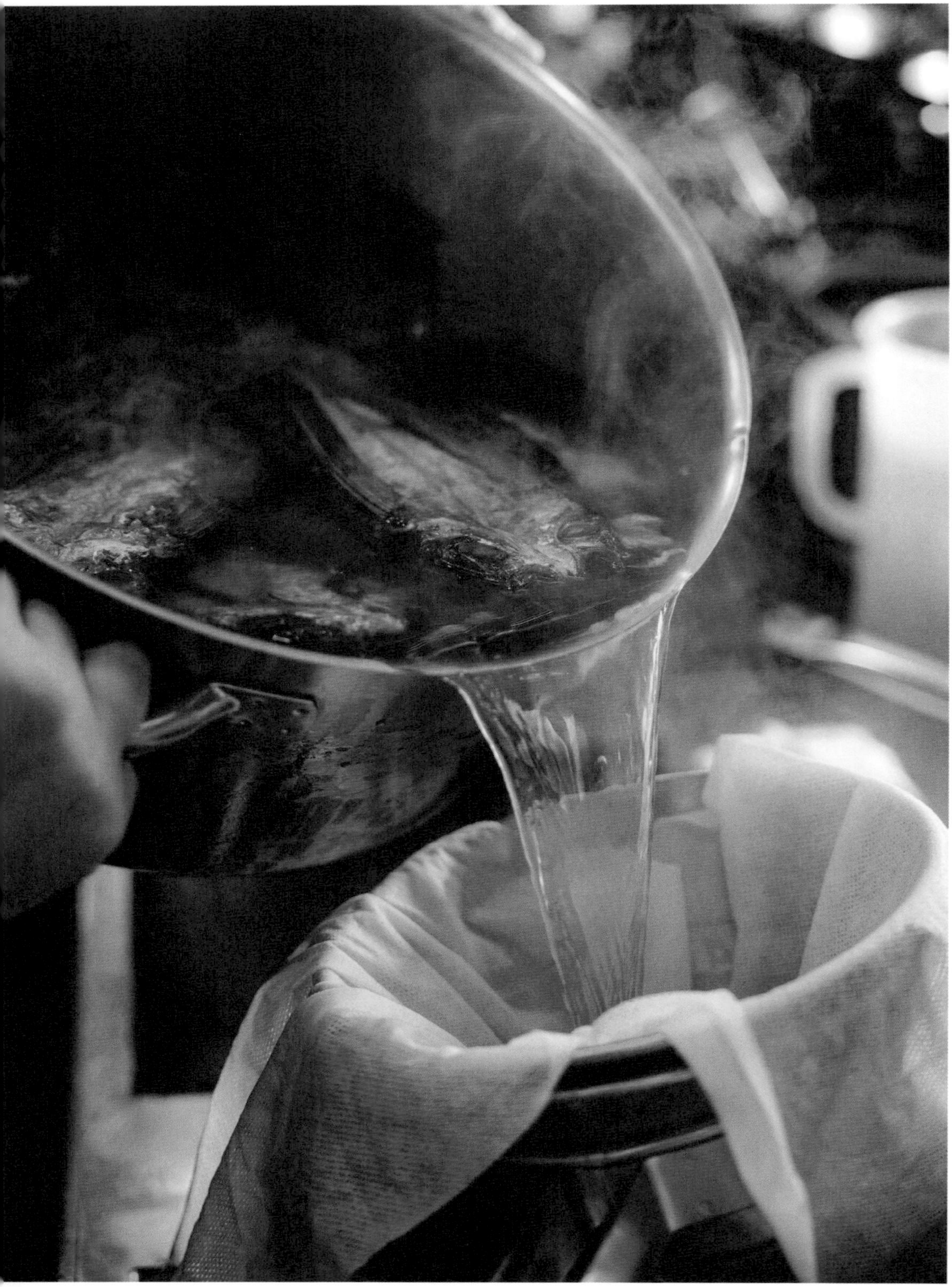

飛魚清湯

[材料]

15L水 / 25片飛魚一夜干 / 100g丁香魚 / 1片昆布 / 25g 柴魚片 / 8片飛魚乾

Step 1 將飛魚一夜干、丁香魚、昆布放入水中，煮至滾沸，接著撈除表面雜質泡沫後，再轉至中小火續煮1小時。

Step 2 再次將湯鍋溫度升高加熱到將要滾沸的狀態，接著續入柴魚片，並立即關火。

Step 3 然後將高湯過濾，並放入柴燒飛魚乾，靜置1小時後再次過濾，最後以海鹽稍加調味。

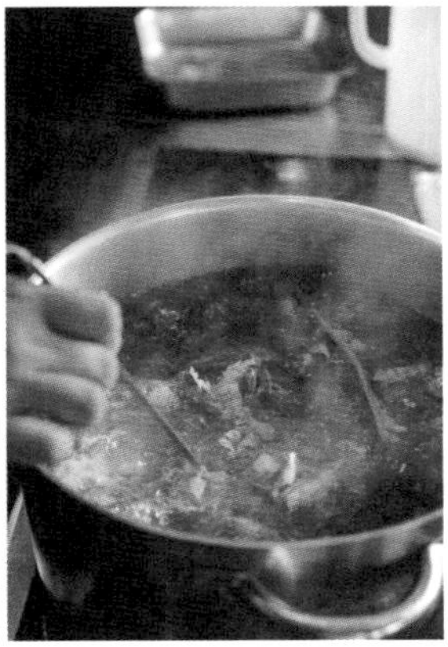

1
2
3
4
5
6
7
8
9

石斑魚 甲魚清湯

甲魚清湯
[材料]

3隻甲魚 / 10L水 / 100g乾香菇 / 2片昆布 / 600g 白醬油 / 柚子汁少許 / 海鹽適量

Step 1 將甲魚斬件，去除頭部、內臟及脂肪。

Step 2 煮一鍋熱水，將甲魚殼及肉身部分快速汆燙後取出。切記取出後不要用冰水冷卻。

Step 3 用小刀輕輕將甲魚肉表面的膜刮除。

Step 4 將處理好的甲魚肉與乾香菇、昆布和水一同放入湯鍋中煮沸，再轉至小火慢煨5小時。切記在小火慢煮過程中不要搖晃或攪拌，以免湯色混濁。

Step 5 最後將高湯過濾，並以白醬油、海鹽及柚子汁調味。

石斑魚
[材料]

1條石斑魚（約3～4 kg重）

Step 1 將石斑魚去鱗，去骨，保留魚皮並分件。每件魚塊約110g重。

Step 2 將石斑魚塊加上兩匙奶油一同入蒸櫃蒸熟。

Step 3 將蒸熟的石斑魚取出，並用燒燙的備長炭，燙烤魚皮表面，使其帶有煙燻香氣。

Step 4 盛盤後，搭配山蘇野菜以及前述的甲魚清湯即大功告成。

1

2

3

4

5

6

7

8

9

小牛胸腺馬鈴薯

[材料1]

馬鈴薯1顆

Step 1 將馬鈴薯放進炭爐中烤製，烤熟馬鈴薯並使表面呈焦黑狀（若在家製作可用電鍋將馬鈴薯蒸熟，再使用噴槍將馬鈴薯表面燒黑）。

Step 2 用挖杓小心取出馬鈴薯泥，以作為後續製作薯泥使用。並將馬鈴薯殼放回烤箱保溫備用。

[材料2]

250g蒸熟的馬鈴薯肉 / 30g無鹽奶油 / 130g鮮奶油 / 150g雞高湯 / 1.5g太白粉

Step 3 將材料2全部放入鍋中，煮至沸騰。

Step 4 接著放入食物調理機中打碎成泥狀，取出後過篩。

Step 5 再倒入氮氣瓶中並裝入2個氮氣子彈，接著搖晃混合均勻。使用前須靜置於溫暖的空間15分鐘。

[材料3]

50g無鹽奶油 / 80g小牛胸腺(洗淨並去膜) /5g甜豆 / 5g蠶豆 / 30g義大利苦艾酒 / 2.5g日本黑豆醬油 / 2.5g味醂

Step 6 冷鍋放入40g奶油，慢慢加熱融化至起泡，接著放入小牛胸腺煎到表面呈金黃色。

Step 7 加入義大利苦艾酒，並煮至收汁；再續入醬油、味醂及一湯匙的水，繼續煨煮至沸騰。

Step 8 最後放入剩下的10g奶油、甜豆及蠶豆一同快速翻炒，待醬汁稍微收汁後，即可取出填入前述的馬鈴薯殼中。

Step 9 其上再擠上前述製作的馬鈴薯慕斯，並撒上豌豆粉，以及豌豆芽和香菜苗綴飾。

國家圖書館出版品預行編目資料

尋根：國際名廚Nobu的真味信念 / 李昂、韓良憶、初聲怡 著；-- 初版. -- 臺北市：平安，2022.08
面；公分. --（平安叢書；第0728種）（FORWARD ; 59）
ISBN 978-626-7181-00-3（平裝）

1.CST: 李信男 2.CST: 臺灣傳記

783.3886　　111010788

平安叢書第728種
FORWARD 59

尋根
國際名廚Nobu的眞味信念

作　　者—李昂、韓良憶、初聲怡
發 行 人—平雲
出版發行—平安文化有限公司
台北市敦化北路120巷50號
電話◎02-27168888
郵撥帳號◎18420815號
皇冠出版社（香港）有限公司
香港銅鑼灣道180號百樂商業中心
19字樓1903室
電話◎2529-1778　傳真◎2527-0904
總 編 輯—許婷婷
責任編輯—蔡維鋼
行銷企劃—薛晴方
美術設計—嚴昱琳
著作完成日期—2022年04月
初版一刷日期—2022年08月

法律顧問—王惠光律師

讀者服務傳真專線◎02-27150507
電腦編號◎401059
ISBN◎978-626-7181-00-3
Printed in Taiwan
本書定價◎新台幣450元 / 港幣150元